2018年度中国公路网运行蓝皮书

交通运输部公路局
交通运输部路网监测与应急处置中心 编著

内 容 提 要

本书为2018年度中国公路网运行蓝皮书。全书共四章，分别为：概述、全国干线公路网运行情况、公路网运行管理与服务系统建设情况、公路网运行管理与服务保障工作开展。

本书可供路网运行管理与业务人员、相关科研工作者及社会公众阅读参考。

图书在版编目(CIP)数据

2018年度中国公路网运行蓝皮书／交通运输部公路局，交通运输部路网监测与应急处置中心编著. — 北京：人民交通出版社股份有限公司，2019.12
　　ISBN 978-7-114-15795-0

Ⅰ.①2…　Ⅱ.①交…②交…　Ⅲ.①公路网–交通运输管理—研究报告—中国—2018　Ⅳ.①U491

中国版本图书馆 CIP 数据核字(2019)第279354号

书　　名	2018年度中国公路网运行蓝皮书
著 作 者	交通运输部公路局 交通运输部路网监测与应急处置中心
责任编辑	黎小东
责任校对	张　贺
责任印制	张　凯
出版发行	人民交通出版社股份有限公司
地　　址	(100011)北京市朝阳区安定门外外馆斜街3号
网　　址	http://www.ccpress.com.cn
销售电话	(010)59757973
总 经 销	人民交通出版社股份有限公司发行部
经　　销	各地新华书店
印　　刷	北京市密东印刷有限公司
开　　本	787×1092　1/16
印　　张	6
字　　数	96千
版　　次	2019年12月　第1版
印　　次	2019年12月　第1次印刷
书　　号	ISBN 978-7-114-15795-0
定　　价	60.00元

(有印刷、装订质量问题的图书，由本公司负责调换)

《2018 年度中国公路网运行蓝皮书》

编写领导小组

主　　任：吴德金　李作敏　孙永红
副 主 任：王松波　李　斌　石志清
成　　员：顾志峰　杨　亮　蔚晓丹　孟春雷　徐志远

编写组名单

董雷宏	乔　正	邓　雯	王　琰	尹曦辉	王世伟
李国瑞	王　鑫	赵　璐	高国庆	文　娟	王　榲
叶劲松	陈宇雯	岳　昊	沈孟如	花　蕾	贺志高
蔡小秋	张纪升	李宏海	顾明臣	王英平	陈　洁
杨　峰	郝　盛	虞丽云	李　剑	陈智宏	胡士祥
周可夫	闫明月	张恒通	王燕弓	刘凇男	马超云
李　健	周　雷	王松涛	撒　蕾	高文灿	段亦峰
杨子玉	王超颖	邓中秋	李金鹏	帕里再娜·尼加提	
石安琪	王　剑	赵　亮	郝泽鹏	周　正	毛志君
裴　召					

目 录

第一章　概述 ··· 1
第二章　全国干线公路网运行情况 ··· 4
　一、全国干线公路网运行状况综合评价 ·· 4
　　（一）全国路网运行状况评价 ··· 4
　　（二）区域路网运行状况评价 ··· 6
　　（三）主要运输通道运行状况评价 ··· 9
　二、全国干线公路网交通流量情况 ·· 12
　　（一）全国干线公路网断面交通流量情况 ··· 12
　　（二）全国高速公路网出口流量情况 ··· 15
　　（三）全国收费公路 ETC 通行交通量情况 ·· 17
　三、全国干线公路网运行畅通情况 ·· 17
　　（一）全国干线公路网总体畅通情况 ··· 17
　　（二）全国干线公路网区域畅通情况 ··· 18
　四、全国干线公路网阻断事件分析 ·· 20
　　（一）阻断事件基本情况 ··· 20
　　（二）阻断事件空间分布分析 ··· 21
　　（三）阻断事件成因分析 ··· 25
　五、全国干线公路网技术状况分析 ·· 27
　　（一）路面路况检测结果及特征分析 ··· 27
　　（二）重点桥梁监测结果及特征分析 ··· 28

（三）重点隧道监测结果及特征分析 ·· 29
　　（四）公路交通安全设施分析评估 ·· 30

第三章　公路网运行管理与服务系统建设情况 ·· 31
一、公路网运行监测与应急设施及系统建设情况 ·· 31
　　（一）公路网交通量监测设施建设情况 ··· 31
　　（二）公路网视频监测设施及系统建设情况 ······································· 32
　　（三）公路网气象环境监测设施建设情况 ·· 34
　　（四）公路应急物资储备及装备建设情况 ·· 34
　　（五）桥梁、隧道安全健康监测设施建设情况 ···································· 35
二、公路网出行服务设施及系统建设情况 ·· 36
　　（一）全国公路出行服务网站及"两微"平台建设情况 ······················ 36
　　（二）公路出行客服与救援电话系统建设与运行情况 ······················· 39
　　（三）全国交通广播合作建设与运行情况 ·· 41
三、全国 ETC 联网收费服务设施及系统建设情况 ······································ 41
　　（一）全国 ETC 联网收费服务设施建设情况 ··································· 41
　　（二）全国 ETC 联网系统建设概况 ·· 42
四、部省两级路网管理平台建设与联网情况 ··· 44

第四章　公路网运行管理与服务保障工作开展 ·· 47
一、公路网运行管理体制机制与制度建设情况 ··· 47
　　（一）全国公路网运行管理体制建设情况 ··· 47
　　（二）公路网运行管理制度与标准建设情况 ······································ 49
二、公路交通应急处置与保障工作开展情况 ··· 50
　　（一）公路交通应急预案管理与保障建设情况 ·································· 50
　　（二）公路交通应急演练工作开展情况 ··· 50
　　（三）重大公路交通突发事件应急处置情况 ······································ 52
三、全国收费公路联网收费及"营改增"工作开展情况 ···························· 54
　　（一）全国收费公路联网收费情况 ·· 54
　　（二）全国收费公路通行费"营改增"工作情况 ······························· 56
四、公路网出行服务及质量评价工作开展情况 ··· 57

目 录

  (一)公路出行服务质量评价情况 …………………………………… 57
  (二)公路出行服务产业联盟及社会化协作建设 …………………… 60
附录 A 6 条主要通道运行状况评价结果汇总表 ……………………… 61
附录 B 全国高速公路出口流量分省汇总表 ………………………… 67
附录 C 全国干线公路网技术状况表 …………………………………… 69
附录 D 全国公路网运行监测设施一览表 ……………………………… 75
附录 E 全国桥梁安全健康监测设施现状 ……………………………… 79

第一章 概 述

2018年是全面贯彻落实党的十九大精神的开局之年，是改革开放40周年，是决胜全面建成小康社会、实施"十三五"规划承上启下的关键一年。一年来，各级交通运输管理部门、公路网运行管理单位以及公路运营企事业单位深入学习贯彻习近平新时代中国特色社会主义思想，坚决贯彻党中央、国务院决策部署，坚持稳中求进工作总基调，坚持新发展理念，服务大局、服务人民、服务基层，坚持推动高质量发展，全面推进公路网运行管理与服务各项工作，取得明显成效。

1. 公路基础设施建设持续平稳增长。 2018年底，全国公路总里程达484.65万公里❶，同比2017年增加7.31万公里；公路密度50.48公里/百平方公里，同比2017年增加0.76公里/百平方公里。其中，二级及以上等级公路里程64.78万公里，同比增加2.56万公里，占公路总里程13.4%，同比提高0.3个百分点。高速公路里程14.26万公里，同比增加0.61万公里；高速公路车道里程63.33万公里，同比增加2.90万公里。国家高速公路里程10.55万公里，同比增加0.33万公里。全国公路桥梁85.15万座、5568.59万米，同比2017年增加1.90万座、342.97万米。全国公路隧道17738处、1723.61万米，同比2017年增加1509处、195.10万米。

2. 全国干线公路网运行总体平稳有序。 2018年全国干线公路网综合运行指数为54，总体处于良等水平。其中，全国干线公路网技术状况为良等水平，同比2017年小幅提升，高速公路PQI❷指数为92.28，PCI❸指数为90.94，RQI❹平均值为93.75；全国干线公路年平均日断面交通量为14569pcu/日，同比❺增长0.8%；全国高速公路出口流量

---

❶ 本书中全国统计数据均未包括香港、澳门特别行政区及台湾省资料。
❷ 路面使用性能指数(PQI)：表征路面性能的综合评价指标。
❸ 路面损坏状况指数(PCI)：由路面破损率DR按现行《公路技术状况评定标准》中规定公式计算得出。
❹ 路面行驶质量指数(RQI)：由国际平整度指数IRI按现行《公路技术状况评定标准》中规定公式计算得出。
❺ 同比：为统一口径进行对比分析，有关公路交通流量数据的同期比较均按可比口径计算。

为970896万辆次,同比增长7.91%;全国干线公路网畅通情况有所好转,路网拥挤度❶为16.7%,同比下降1.3个百分点;全国31个省(区、市)累计报送各类公路交通阻断事件89142起,累计阻断里程约157.32万公里,累计阻断持续时间约510.32万小时。

3. 公路桥隧养护管理工作进一步得到加强。 2018年公路养护里程达475.78万公里,占公路总里程的98.2%。2018年重点监测桥梁、隧道技术状况监测结果显示,省级桥梁养护管理规范化平均得分为92.00分,省级隧道养护管理规范化平均得分为83.07,较2017年总体水平有所提升。受检的40座桥梁中,监测评定等级为一、二类的桥梁占比72.5%,仅1座桥梁监测评级为四类桥。受检的10座隧道中,评定等级为二类的8座,评定等级为三类的2座,无四、五类隧道,技术状况总体良好。

4. 全国干线公路网运行监测能力逐年提高。 2018年7月,交通运输部正式批复并启动建设"全国公路网运行监测管理与服务平台",平台建成后将实现我国公路网监测水平的大幅提升。截至2018年底,全国高速公路交通量监测设施总规模达2.1万套,平均布设密度达10公里/套;普通国省干线公路交通量参数监测设施总规模达1.1万余套。全国公路网视频监测设施(含路段互通、收费站、桥隧、服务区)总规模达到近22.7万套,其中高速公路平均布设密度达4公里/套,高清级视频监测设施占比已达40%以上。全国公路网气象监测设施总规模已近3400余套,其中高速公路气象监测设施总规模达3100余套,平均布设密度约40~50公里/套。

5. 公路出行服务系统建设工作取得重大突破。 截至2018年底,全国31个省(区、市)均设有24小时公路出行客服电话,共计开通客服电话号码82个(含ETC服务电话31个);共计开通公路出行服务网站(网页)(含ETC服务网站、公路气象网站和服务区查询网站等)110个。截至2018年底,中国交通广播新增完成了上海(FM95.5)、浙江(FM87.5)、湖北(FM94.8)、山东(FM94.1)、河南(FM104.7)、内蒙古(FM100.9)、陕西(FM103.5)、甘肃(FM91.7)、宁夏(FM101.9)、青海(FM97.7)、新疆(FM91.7)、黑龙江(FM101.4)、山西(FM106.5)等13个省(区、市)以及雄安地区(FM98.8)的频率规划批复。

6. 公路应急保障体系建设及处置工作稳步推进。 2018年,交通运输部组织开展新版《公路交通突发事件应急预案》的培训和宣贯,部分省份进一步细化形成高速公路和普通干线公路的综合应急预案、突发事件专项应急预案、应急操作手册等。截至2018年底,北京、安徽、甘肃、贵州、海南、河南、辽宁、内蒙古、山东、山西、陕西、上海、新疆、云

---

❶ 路网拥挤度:路网中处于中度拥堵和严重拥堵状态的路段里程占路网总里程的百分比。

南、浙江等15个省(区、市)已经完成或正在进行公路交通突发事件应急预案的修订工作。截至2018年底,各级公路交通运输部门高效处置了年初大范围低温雨雪天气,汛期"山竹、康妮、安比、玛利亚"等强台风不利影响,成功应对云南墨江5.9级地震、四川西昌5.1级地震、甘肃舟曲严重公路水毁、川藏界金沙江山体滑坡和堰塞湖、西藏雅鲁藏布江堰塞湖等重大地质灾害,以及京哈高速公路油罐车侧翻事故、重庆万州公交车坠江事故等重大突发事件。

7. ETC行业蓬勃发展为取消省界收费站奠定基础。截至2018年底,全国共有ETC专用车道19674条,新增ETC专用车道2693条,同比增长13.76%;主线收费站ETC车道覆盖率为98.94%,匝道收费站ETC车道覆盖率为96.96%;建成ETC自营服务网点1574个,合作代理网点58632个,各类服务终端48988个。截至2018年底,全国ETC用户共计7655.7万,约占汽车保有量的32%,同比2017年增长4.1个百分点,其中客车用户约为7133.5万,占ETC用户总量的93.18%,货车用户约为522.2万,占用户总量的6.82%。全国联网省(区、市)ETC总交易量达到107.98亿笔、总交易额5327.43亿元;非现金交易量达到41.71亿笔、交易额2414.02亿元。

第二章 全国干线公路网运行情况

一、全国干线公路网运行状况综合评价

(一) 全国路网运行状况评价

根据2018年度全国干线公路网基础设施运行状况和交通运行状况综合评价分析,2018年全国干线公路网综合运行指数❶为54,处于良等水平,同比往年有一定程度下降。其中,全国干线公路网技术状况为良等水平,同比2017年小幅提升;阻断严重程度处于较高水平,同比2017年大幅提高;路网拥挤度处于基本畅通水平,同比2017年小幅下降。具体如表2-1所示。

2014—2018年全国干线公路网运行状况评价结果　　　　表2-1

年 份	技 术 状 况 DR❷ (%)	技 术 状 况 IR❸ (m/km)	阻断率❹	拥挤度❺ (%)	路网综合运行指数
2014年	4.74	2.71	1.15	16.2	54
2015年	2.30	2.58	2.46	17.0	53
2016年	2.02	2.13	1.18	16.00	58
2017年	2.52	2.08	0.62	18.0	60
2018年	2.30	2.00	1.65	16.70	54

---

❶ 本报告中路网综合运行指数划分标准为:[0,20)差,[20,40)次,[40,60)中,[60,80)良,[80,100]优。
❷ 路面破损率(DR):表征路面损坏程度的一种路网使用性能指标,为路面各种损坏的折合损坏面积之和与路面调查面积的百分比(%)。
❸ 路面平整度(IRI):国际平整度指数,表征路面凹凸不平现象的路面使用性能指标,为标准车身悬架颠簸总位移(单位:m)与行驶距离(单位:km)之比。
❹ 本报告中路网阻断率划分标准为:<0.06低,[0.06,0.45)较低,[0.45,0.6)中,[0.6,2)较高,≥2高。
❺ 本报告中路网拥挤度划分标准为:<11%畅通,[11%,19%)基本畅通,[19%,28%)轻度拥堵,[28%,36%)中度拥堵,≥36%严重拥堵。

综合分析近五年全国干线公路网运行状况,2014—2016年全国干线公路网综合运行指数均处于中等偏上水平,总体呈现上升态势,2017年达到良等水平,2018年由于路网运行阻断率大幅提高,导致综合运行指数有一定程度下降,处于中等偏上水平,为近三年新低。具体如图2-1所示。

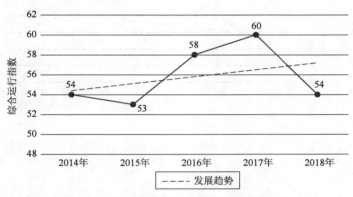

图2-1　2014—2018年全国干线公路网运行状况

1. 技术状况评价

从技术状况评价指标来看,近五年全国干线公路网技术状况均处于良等水平,总体呈现上升趋势。其中,2014年相对较差,2015年明显回升,接近优等水平,之后逐年小幅下降,2018年有小幅回升。具体如图2-2所示。

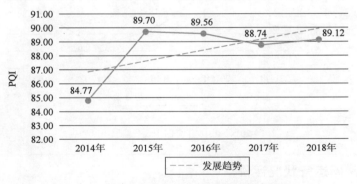

图2-2　2014—2018年全国干线公路网技术状况

2. 畅通情况❶评价

从路网畅通程度评价指标来看,近五年全国干线公路网均处于基本畅通水平,总体呈现上升趋势。其中,2014年、2016年路网拥挤度较低,2015年、2017年路网拥挤度较

---

❶ 路网畅通情况利用拥挤度的反向指标作为表征。

高,2018年路网拥挤度小幅下降,货车比例呈现逐年下降趋势是畅通情况提升的原因之一。具体如图2-3所示。

图2-3 2014—2018年全国干线公路网拥挤程度

3. 阻断情况评价

从路网阻断程度评价指标来看,近五年全国干线公路网阻断率持续位于较高水平,总体呈现下降趋势。2015年阻断率达到最高,之后阻断率快速下降,2018年阻断率有明显回升。具体如图2-4所示。

图2-4 2014—2018年全国干线公路网阻断程度

(二)区域路网运行状况评价

1. 区域路网总体评价

2018年,东、中、西部地区路网综合运行指数分别为55、57和50,均处于中等偏上水平。东部地区和中部地区路网运行状况相对较好,西部地区路网运行状况相对较差。综合分析近五年东、中、西部路网运行状况,东部地区路网综合运行指数呈快速上升趋势,由中等偏下水平上升至中等偏上水平,中部和西部地区路网综合运行指数保持在中等偏上水平,呈小幅波动态势。具体如表2-2及图2-5所示。

2014—2018年东、中、西部路网运行状况评价结果汇总表　　表2-2

年　份	区域路网	技术状况 DR（%）	技术状况 IRI（m/km）	阻断率	拥挤度（%）	路网综合运行指数	评价等级
2014年	东部	3.06	2.30	2.01	24.10	49	中下
	中部	5.26	3.00	0.64	12.30	58	中上
	西部	5.23	2.72	0.96	13.20	56	中上
2015年	东部	0.85	2.05	4.40	24.50	45	中下
	中部	2.62	2.98	1.20	12.70	58	中上
	西部	3.29	2.69	2.30	14.60	53	中上
2016年	东部	0.87	1.74	2.20	28.10	48	中下
	中部	2.21	2.24	1.00	8.60	61	良
	西部	2.65	2.32	0.90	18.50	57	中上
2017年	东部	0.71	1.66	0.50	28.35	60	良
	中部	3.32	2.13	1.06	19.25	55	中上
	西部	3.15	2.30	0.78	12.01	60	良
2018年	东部	0.84	1.66	1.01	27.20	55	中上
	中部	2.76	2.15	1.59	10.77	57	中上
	西部	2.91	2.10	2.12	18.49	50	中上

图2-5　2014—2018年区域路网运行状况

2.区域路网技术状况评价

从路网技术状况评价指标来看,东部路网技术状况明显好于中、西部。中部和西部路网技术状况相近,近五年均处于良等水平。近五年东、中、西部路网技术状况均呈上升趋势。2015年东、中、西部路网技术状况最好,之后逐年下降。2018年中部和西部路网技术状况同比 2017 年小幅上升。具体如图 2-6 所示。

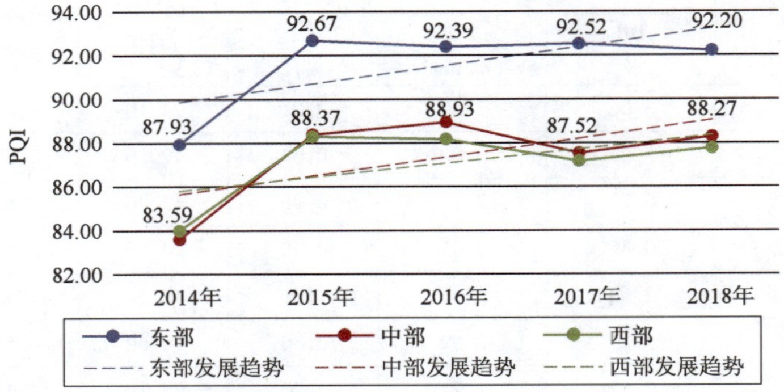

图 2-6　2014—2018 年区域路网技术状况

3. 区域路网畅通情况评价

从路网畅通程度评价指标来看,东部路网拥挤度明显高于中西部,近五年达到轻度拥堵甚至中度拥堵水平。中部和西部路网技术状况相近,近五年均处于基本畅通水平。近五年东、中、西部路网拥挤度均呈上升趋势。东部路网拥挤度 2017 年达到最高,2018 年略有下降。中部路网拥挤度 2017 年达到最高,2018 年大幅下降。西部路网拥挤度 2017 年最低,2018 年大幅上升。具体如图 2-7 所示。

图 2-7　2014—2018 年区域路网畅通情况

4. 区域路网阻断情况评价

从近五年路网阻断程度评价指标来看,东部路网阻断率总体呈快速下降趋势,中部和西部地区路网阻断率呈小幅上升趋势。2015 年东、中、西部路网阻断率均达到最高水平,之后逐年下降。2017 年东、中、西部路网阻断率处于较低水平。2018 年东、中、西部路网阻断率同比 2017 年明显上升。具体如图 2-8 所示。

图2-8 2014—2018年区域路网阻断情况

（三）主要运输通道运行状况评价

1. 通道总体状况评价

2018年,京哈、京沪、京港澳、长深、连霍、沪蓉6条主要运输通道运行指数❶分析,除京沪高速公路处于中等水平外,其他通道运行状况均处于良等。6条通道中的高速公路技术状况均为优等,普通公路技术状况均为良等。

6条通道中京沪高速公路拥挤度❷最高,达到严重拥堵水平,京港澳高速公路拥挤度达到中度拥堵水平,其他高速公路拥挤度处于基本畅通水平。京沪、京港澳和长深通道中的普通公路拥挤度达到中度拥堵水平,京哈通道中的普通公路拥挤度达到轻度拥堵水平,其他普通公路处于基本畅通水平;6条通道的阻断率普遍较高,通道中高速公路的阻断率普遍高于普通公路。近五年6条主要运输通道运行状况评价结果如表2-3所示。

2014—2018年6条主要运输通道运行状况评价结果汇总表　　表2-3

通道		通道运行指数				
		2014年	2015年	2016年	2017年	2018年
京哈通道	高速公路	3.30	3.43	3.40	3.62	3.56
	普通公路	3.21	3.17	2.97	3.57	3.25
京沪通道	高速公路	3.03	3.53	3.02	2.88	2.73
	普通公路	3.92	3.24	3.02	3.70	3.24
京港澳通道	高速公路	3.31	3.28	3.15	3.18	3.12
	普通公路	3.53	3.65	3.03	4.11	3.42

❶ 通道运行指数描述跨省重要通道的整体运行状况,采用通道技术状况、通道拥挤度、通道阻断情况等单项指标的综合评估结果进行表征。
❷ 通道拥挤度指通道年平均日交通量占通道适应交通量的比值。

续上表

通道		通道运行指数				
		2014年	2015年	2016年	2017年	2018年
长深通道	高速公路	3.97	3.92	3.98	4.04	3.69
	普通公路	3.68	3.29	3.16	3.70	3.49
连霍通道	高速公路	3.89	3.92	4.03	3.74	3.79
	普通公路	3.22	3.46	3.54	3.17	3.36
沪蓉通道	高速公路	3.74	3.68	3.61	3.53	3.55
	普通公路	3.77	3.80	3.59	4.18	3.67

近五年,6条主要运输通道的运行状况基本保持在良等以上水平。对比6条通道中的高速公路运行状况,长深高速公路运行状况相对较好,京沪高速公路运行状况相对较差。对比6条通道中的普通公路运行状况,沪蓉通道中的普通公路运行状况相对较好,京哈通道中的普通公路运行状况相对较差。

2.通道技术状况评价

从近五年通道技术状况单项指标分析,对比6条通道中的高速公路技术状况,长深高速公路和沪蓉高速公路最好,京沪高速公路和京港澳高速公路次之,连霍高速公路和京哈高速公路最差。对比6条通道中的普通公路技术状况,京沪和沪蓉通道中的普通公路最好,长深和京港澳通道中的普通公路次之,京哈和连霍通道中的普通公路最差。近五年6条主要运输通道技术状况评价结果如表2-4所示。

2014—2018年6条主要运输通道技术状况评价结果汇总表　　表2-4

通道		技术状况指数(PQI)				
		2014年	2015年	2016年	2017年	2018年
京哈通道	高速公路	88.90	91.50	91.64	90.54	90.79
	普通公路	83.45	88.82	86.00	81.53	84.94
京沪通道	高速公路	93.58	93.62	93.84	93.55	93.73
	普通公路	92.70	92.02	91.20	90.74	89.97
京港澳通道	高速公路	92.37	93.03	93.87	93.40	93.38
	普通公路	88.05	90.14	87.41	86.64	88.91
长深通道	高速公路	94.79	94.44	93.89	94.07	93.78
	普通公路	88.52	90.69	89.30	88.48	88.33
连霍通道	高速公路	91.38	91.54	91.82	91.49	90.92
	普通公路	75.74	85.66	86.75	87.78	86.62
沪蓉通道	高速公路	94.46	94.20	93.91	93.89	94.18
	普通公路	90.07	91.27	90.88	90.78	88.40

3. 通道畅通情况评价

从拥挤程度单项指标分析,京哈通道中的高速公路基本畅通,普通公路轻度拥堵;京沪通道高速公路严重拥堵,普通公路中度拥堵;京港澳通道中度拥堵;长深通道中的高速公路基本畅通,普通公路中度拥堵;连霍通道基本畅通;沪蓉通道高速公路基本畅通,普通公路轻度拥堵。2018 年,京沪通道、连霍通道、京港澳通道拥挤度较 2017 年有一定上升,沪蓉通道拥挤度与 2017 年基本持平,京哈通道、长深通道拥挤程度略有缓解。近五年 6 条主要运输通道畅通情况评价结果如表 2-5 所示。

2014—2018 年 6 条主要运输通道畅通情况评价结果汇总表　　　表 2-5

通　道		拥 挤 度				
		2014 年	2015 年	2016 年	2017 年	2018 年
京哈通道	高速公路	0.70	0.62	0.68	0.63	0.59
	普通公路	0.71	0.95	1.01	0.84	0.79
京沪通道	高速公路	0.85	0.56	0.85	0.96	1.01
	普通公路	0.85	0.88	1.01	0.98	0.95
京港澳通道	高速公路	0.73	0.74	0.81	0.84	0.81
	普通公路	0.95	0.92	1.25	0.67	1.09
长深通道	高速公路	0.37	0.40	0.48	0.56	0.54
	普通公路	0.86	0.86	0.93	0.93	0.93
连霍通道	高速公路	0.35	0.32	0.34	0.36	0.38
	普通公路	0.41	0.50	0.54	0.70	0.70
沪蓉通道	高速公路	0.50	0.52	0.57	0.65	0.63
	普通公路	0.58	0.60	0.64	0.64	0.65

对比近五年 6 条通道中的高速公路拥挤度,除京哈高速公路拥挤度呈现小幅下降趋势外,其他高速公路的拥挤度均呈现上升趋势外。对比 6 条通道中的普通公路拥挤度,京港澳通道普通公路拥挤度最高,京沪、长深和京哈通道普通公路拥挤度次之。对比 6 条通道货车比例,京哈高速公路货车比例最高,且显著高于其他公路,沪蓉通道货车比例最低。

从 6 条通道拥挤程度的空间分布看,局部路段拥挤度很高。京沪通道的 G2 江苏段、山东段、河北段和 G312 上海段,京港澳通道的 G4 北京段、湖南段和 G107 北京段、广东段,沪蓉通道的 G312 上海段,长深通道的 G205 广东段达到严重拥堵水平。以上局部拥堵路段的严重拥堵状况已持续 2～3 年,其中沪蓉通道的 G312 上海段和京沪通道的 G2 北京段拥堵情况最为严重。

4. 通道阻断情况评价

从近五年阻断程度单项指标分析,6 条通道的高速公路阻断程度普遍较高,阻断率均在中等以上。连霍高速公路阻断率增长最快,2017 年和 2018 年阻断率明显高于其他高速公路。长深高速公路阻断率最低。6 条通道的普通公路阻断率普遍低于高速公路,连霍通道普通公路阻断率最高,京港澳通道普通公路阻断率最低。近五年 6 条主要运输通道阻断情况评价结果如表 2-6 所示。

2014—2018 年 6 条主要运输通道阻断情况评价结果汇总表　　　　　表 2-6

通道		阻断率				
		2014 年	2015 年	2016 年	2017 年	2018 年
京哈通道	高速公路	5.19	10.58	3.26	1.42	2.98
	普通公路	9.46	1.13	1.50	0.02	1.39
京沪通道	高速公路	6.20	24.42	4.55	1.09	4.34
	普通公路	0.02	2.17	9.01	0.02	0.94
京港澳通道	高速公路	3.46	5.05	4.42	1.28	7.97
	普通公路	0.20	0.15	0.53	0.00	0.25
长深通道	高速公路	1.92	1.98	0.58	0.46	2.27
	普通公路	0.21	1.82	2.12	0.01	0.32
连霍通道	高速公路	3.38	4.72	1.36	7.41	11.81
	普通公路	4.35	14.51	1.43	5.56	4.97
沪蓉通道	高速公路	4.47	6.71	5.60	2.30	4.55
	普通公路	1.40	0.92	2.92	0.07	0.86

6 条主要运输通道运行状况评价结果详见附录 A。

二、全国干线公路网交通流量情况

(一)全国干线公路网断面交通流量情况

1. 总体情况分析

根据全国交通情况调查系统统计❶,2018 年全国干线公路年平均日交通量为 14569pcu/日,同比 2017 年增长 0.8%。近五年全国干线公路网交通量变化趋势如图 2-9 所示。

---

❶　全国交通情况调查系统统计数据由交通运输部规划研究院提供。

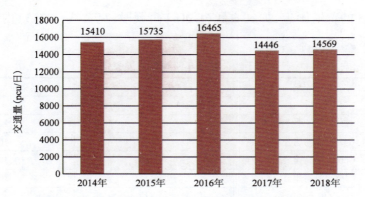

图 2-9 2014—2018 年全国干线公路网年平均日交通量变化趋势

2018 年,全国高速公路年平均日交通量为 27395pcu/日,年平均日行驶量为 155686 万车公里/日,同比 2017 年分别增长 4.1%、4.8%。

2. 时间分布分析

从时间分布看,全国干线公路网交通量月度变化特征明显:1~4 月交通量逐步增长,5 月、6 月小幅回落,从 7 月开始交通量略有增长,10 月达到波峰,此后逐月回落。具体变化情况如图 2-10 所示。

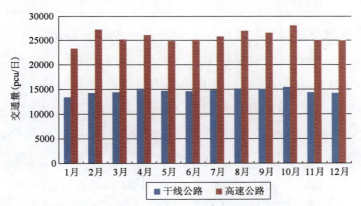

图 2-10 2018 年全国干线公路网月度交通量变化情况

3. 空间分布分析

从空间分布看,国家高速公路网主通道中年平均日交通量较大的路段是沪昆高速公路(G60)上海段、京沪高速公路(G2)上海段和北京段、沈海高速公路(G15)上海段、沪蓉高速公路(G42)江苏段、京港澳高速公路(G4)北京段等;重点城市群联络线及地区环线中,年平均日交通量较大的路线是莞佛高速公路(G9411)、广澳高速公路(G0425)、杭州湾地区环线(G92)、宁芜高速公路(G4211);年平均日交通量较小的国道路段主要分布在边疆地区的普通国道,如红吉线(G216)西藏段、克黄线(G233)内蒙古段等。具体如表2-7所示。

全国干线公路网年平均日交通量情况　　　　表2-7

序号	通道	路段	交通量(pcu/日)
国家高速公路			
1	G2 京沪高速公路	上海段	126616
2	G42 沪蓉高速公路	江苏段	105903
3	G60 沪昆高速公路	上海段	103576
4	G15 沈海高速公路	上海段	101840
5	G2 京沪高速公路	北京段	99228
6	G4 京港澳高速公路	北京段	79845
重点城市群联络线及地区环线			
1	G9411 莞佛高速公路	广东段	110455
2	G0425 广澳高速公路	广东段	83466
3	G92 杭州湾地区环线	浙江段	73606
4	G4211 宁芜高速公路	江苏段	60850
国道			
1	G216	西藏段	727
2	G233	内蒙古段	776

从全国各大区域交通量分布情况看,全国干线公路网交通量分布不均匀。其中,华南地区干线公路网年平均日交通量最大,为27153pcu/日,同比2017年增长10.6%;其次是华东地区,为24362pcu/日,同比2017年增长3.2%;年平均日交通量最小的区域是东北地区,为7473pcu/日,同比2017年增长4.4%。从全国31个省(区、市)的交通量分布情况看,交通量规模与该地区经济发展水平、产业布局、所处地理位置有密切关系。2018年,全国年平均日交通量前5位的省份依次是上海、广东、浙江、北京、山东;后5位的省份依次是西藏、青海、黑龙江、新疆、内蒙古。具体如图2-11所示。

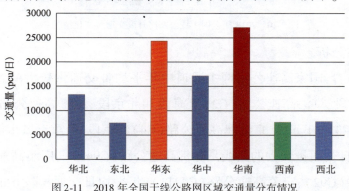

图2-11 2018年全国干线公路网区域交通量分布情况

从路网交通承载分布情况看,路网密集的华东地区承担行驶量占全国总量的26.9%,其次是华中地区占全国总量的18.5%,东北地区承担的行驶量占比最小,为5.6%。具体如图2-12所示。

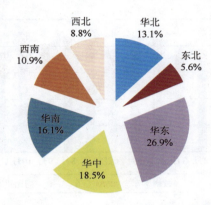

图2-12 2018年全国干线公路网区域行驶量分布占比情况

(二)全国高速公路网出口流量情况

1. 全国高速公路网出口流量统计分析

根据全国高速公路通行数据监测平台的收费数据❶统计,2018年全国高速公路收费站出口流量为970896万辆次,同比2017年增长7.91%。其中,北京、河北、上海、江苏、浙江、河南、广东和四川地区的高速公路收费站出口总流量均超过5亿辆次。近三年全国高速公路网出口流量变化趋势如图2-13所示。

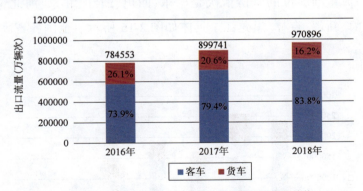

图2-13 2016—2018年全国高速公路出口流量变化趋势

从时间分布看,2018年全国高速公路网出口流量月度变化特征较明显。1月出口流量明显偏低,受春运(2月1日—3月12日)影响,2月、3月出口流量比1月有所增

---

❶ 全国高速公路通行数据动态监测平台数据由交通运输部科学研究院提供。

加,4月、5月、6月出口流量相对稳定趋势;受暑假等因素影响,7月、8月出口流量较高,9月开学后出口流量回落;10月因为国庆长假因素出口流量达到全年峰值,此后11月、12月因季节因素影响逐月回落。具体如图2-14所示。

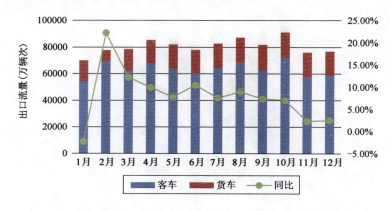

图2-14　2018年全国高速公路出口流量月变化情况

2. 区域出口流量统计分析

全国各区域高速公路出口流量分布不均衡。其中,华东地区年出口流量最大,为257616万辆次,占全国出口总流量的23.61%;其次是华南地区,为247629万辆次,占全国出口总流量的22.08%,华东和华南地区的货运也较为发达,货车比例较大。出口流量最小的区域是东北地区,为37569万辆次,占全国出口总流量的3.44%。2018年,全国高速公路出口流量前5位的省份依次是广东、四川、浙江、北京、河北;后5位的省份依次是宁夏、青海、新疆、吉林、黑龙江。具体如图2-15所示。全国各省高速公路出口流量详见附录B。

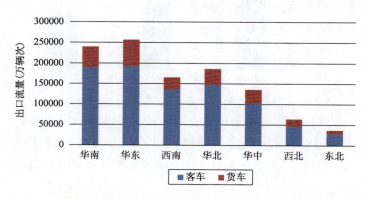

图2-15　2018年全国高速公路区域出口流量分布情况

(三)全国收费公路 ETC 通行交通量情况

2018 年,29 个省(区、市)联网区域内收费公路总通行量约 108 亿辆次,同比增长 8.9 亿辆次,增幅为 8.9%。其中,客车约 83.4 亿辆次,货车约 24.6 亿辆次,分别占 77.2%、22.8%。全年通行量前 5 位的省份依次为广东、北京、四川、江苏、浙江。其中,ETC 通行量约 32.8 亿辆次,约占全网总通行量 30.3%,同比增长 5.1 亿辆次,增幅约为 18.3%。近三年全国 ETC 通行量情况如图 2-16 所示。

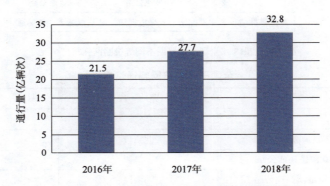

图 2-16 2016—2018 年联网区域收费公路 ETC 通行量情况

三、全国干线公路网运行畅通情况

(一)全国干线公路网总体畅通情况

2018 年全国干线公路网畅通情况有所好转,拥挤度为 16.7%,同比下降 1.3 个百分点,高速公路网和普通国道网的拥挤度分别为 10.4% 和 19.1%,公路网总体畅通情况有所提升。其中,高速公路处于"畅通"和"基本畅通"状态的里程比例为 83.22%,同比增长 0.3 个百分点,"严重拥堵"状态的里程比例为 2.3%;普通公路处于"畅通"和"基本畅通"状态的里程比例为 70.7%,"严重拥堵"状态的里程比例为 8.0%,比去年略有下降。具体如图 2-17 所示。

从路网空间分布看,高速公路方面,东北、新疆、云南等区域,及京新高速公路(G7)内蒙古段、银昆高速公路(G85)陕西段等路段较为畅通;拥堵的路段主要分布在沪昆高速公路(G60)上海段、京港澳高速公路(G4)湖南段、京沪高速公路(G2)北京段等路段。普通国道方面,新疆、青海、西藏等西部地区,东北、福建等区域,以及青兰公路(G309)陕西段、龙广公路(G528)福建段等路段较为畅通;拥堵路段主要分布在京津冀、长三角、珠三角等经济发达地区。具体如表 2-8 所示。

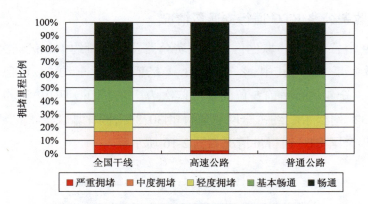

图 2-17 2018 年全国干线路网不同等级路网拥挤度情况

全国干线公路网畅通情况　　　　　　　　　表 2-8

序号	通　道	路　段	拥挤度
高　速　公　路			
1	G2 京沪高速公路	北京段	1.80
2	G60 沪昆高速公路	上海段	1.60
3	G4 京港澳高速公路	湖南段	1.17
4	G7 京新高速公路	内蒙古段	0.03
5	G85 银昆高速公路	陕西段	0.07
普　通　国　道			
1	G325	广东段	2.39
2	G312	上海段	2.28
3	G107	北京段	2.23
4	G309	陕西段	0.15
5	G528	福建段	0.24

从时间分布看,全国路网月平均处于"基本畅通"状态,其中,4 月至 10 月拥堵程度较高。2018 年全国路网月平均拥挤度情况如图 2-18 所示,路网月度畅通状态如图 2-19 所示。

(二) 全国干线公路网区域畅通情况

2018 年,全国干线公路网各大区域间的畅通程度差异较大。其中,华南地区路网最为拥堵,拥挤度达 31.4%,同比 2017 年有所增长;东北、西北地区路网较为畅通,拥挤度分别为 9.2% 和 7.4%。与 2017 年相比,华南、华中地区路网拥堵情况加剧,华北、华东、西南地区拥挤度有所好转。具体如图 2-20 所示。从全国 31 个省(区、市)的拥挤度分布情况看,2018年干线路网拥挤度较高的省份依次是上海、广东、浙江、北京、天津;拥挤度较小的省份依次是内蒙古、青海、新疆、黑龙江、西藏。高速公路拥挤度较高的省份依次是上海、北京、四川、浙江、广东;拥挤度较小的省份依次是黑龙江、内蒙古、吉林、新疆、福建。

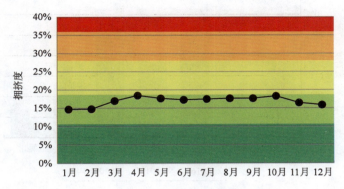

图2-18 2018年全国路网月平均拥挤度情况

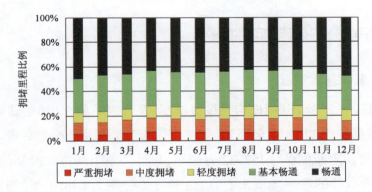

图2-19 2018年全国路网月度畅通状态

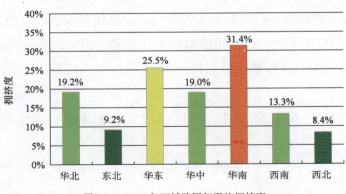

图2-20 2018年区域路网年平均拥挤度

根据近三年各大区域路网拥挤度年度变化情况分析,华南地区的路网拥挤度始终处于全国高位;西北地区路网拥挤度呈逐年递增趋势;华北、华中、华南地区拥挤度小幅下降;东北、华东、西南地区基本持平。具体如图2-21所示。

图2-21 2016—2018年各区域路网年平均拥挤度变化

四、全国干线公路网阻断事件分析

(一)阻断事件基本情况

根据新修订的《公路交通阻断信息报送制度》及升级后的"交通运输部路况信息管理系统"报送数据统计,2018年全国31个省(区、市)累计报送各类交通阻断事件共计89142起,累计公路阻断里程约157.32万公里,累计公路阻断持续时间约510.32万小时。从发生阻断事件的道路等级来看,国道和省道分别为64810起(约占72.7%)和24322起(约占27.3%)。2018年,国省干线公路网阻断事件覆盖率[1]较高,阻断事件重复系数[2]较低,说明阻断事件的空间分布范围较广。具体如图2-22所示。

对比分析历年全国干线公路网阻断事件变化趋势,如图2-23、图2-24所示,公路网阻断事件数量、累计阻断里程整体呈上升趋势,说明路网运行压力及阻断事件影响程度逐年增加。

从阻断事件时间分布来看,10月、11月和12月为阻断事件发生的高峰期,这三个

---

[1] 阻断事件覆盖率:某一区域内路网阻断里程与路网总里程的比值。覆盖率反映了公路网中阻断事件覆盖范围的大小,比值越大说明事件影响覆盖范围越广。

[2] 阻断事件重复系数:某一区域内路网累计阻断里程与公路网总里程的比值。重复系数反映了公路网中阻断事件重复发生的频率,比值越大说明某路段或区域发生阻断事件越多。

月发生的阻断事件数量约占全年的40.65%,具体如图2-25所示。夏、秋、冬三季交替期为公路交通阻断事件频发期,其中因冬季是恶劣天气(如降雪、结冰等)多发季节,公路交通运行最容易受到影响。

图2-22　2018年阻断事件影响范围分析

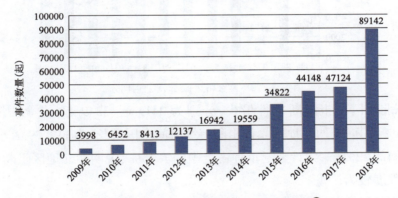

图2-23　公路交通阻断事件数量历年变化趋势❶

(二)阻断事件空间分布分析

1.区域分布分析

2018年,西南地区上报阻断事件最多,达33483起,占全国阻断总数的37.56%,相应造成的累计阻断里程占全国阻断里程的17.28%,阻断持续时间占全国的7.92%,说明西南地区虽然阻断事件较多,但事件对路网运行造成影响程度一般。

---

❶　2017年7~12月由于"交通运输部路况信息管理系统"升级期间采用人工报送,导致阻断事件报送数据不全。2018年,因新修订的《公路交通阻断信息报送制度》施行,阻断事件类别及报送要求发生变化,导致全年阻断事件报送量大幅增长。

图 2-24　公路交通累计阻断里程历年变化趋势

图 2-25　2018 年公路交通阻断事件时间分布

西北、东北地区上报阻断事件最少,分别为 2413 起、3349 起,占全国阻断总数的 2.71%、3.76%。其中,西北地区累计阻断持续时间全国最长,为 112.79 万小时,占全国阻断持续时间的 22.1%,累计阻断里程占全国的 7.15%,说明西北地区阻断事件对路网运行的影响程度较为严重。

华北、华东及华中地区阻断事件数量、阻断累计时间相对处于中等严重程度。其中,华北地区的累计阻断里程全国最长,达 50.29 万公里,说明华北地区阻断事件造成的路网影响范围最大。

具体如图 2-26～图 2-28 所示。

2. 省域分布分析

从省域分布情况看,2018 年全国阻断事件总数超过 1000 起的省(区、市)有 15 个,累计阻断里程超过 3 万公里的省(区、市)有 13 个,累计阻断持续时间超过 15 万小时的省(区、市)有 13 个。其中,重庆报送阻断事件最多,为 24225 起,山西报送的累计阻断里程最多,为 27.59 万公里,陕西报送的累计阻断持续时间最长,为 62.86 万小时。具体情况见表 2-9。

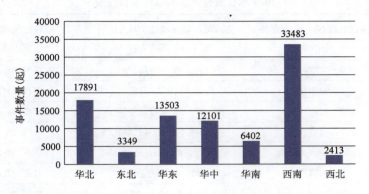

图 2-26　2018 年各地区公路交通阻断事件数量

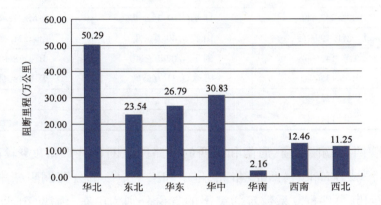

图 2-27　2018 年各地区公路交通累计阻断里程

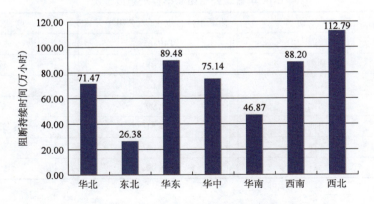

图 2-28　2018 年各地区公路累计阻断持续时间

2018 年省域公路阻断事件总体情况　　　　　　　　　　　　　　　　表 2-9

序号	阻断事件总数超过 1000 起的省（区、市）	累计阻断里程超过 3 万公里的省（区、市）	累计阻断持续时间超过 15 万小时的省（区、市）
1	重庆/24225 起	山西/27.59 万公里	陕西/62.86 万小时
2	江西/9459 起	黑龙江/19.27 万公里	重庆/55.36 万小时
3	山西/4046 起	河南/13.85 万公里	湖南/44.16 万小时
4	四川/8853 起	湖南/12.90 万公里	江西/36.80 万小时
5	湖南/7934 起	江西/11.81 万公里	广东/35.87 万小时
6	广东/6073 起	河北/9.70 万公里	甘肃/27.68 万小时
7	北京/3949 起	天津/9.19 万公里	四川/25.86 万小时
8	河南/3026 起	重庆/9.14 万公里	北京/22.30 万小时
9	天津/2958 起	新疆/7.44 万公里	江苏/22.18 万小时
10	河北/2424 起	江苏/7.07 万公里	河南/21.86 万小时
11	黑龙江/1994 起	山东/5.40 万公里	山东/21.66 万小时
12	江苏/1421 起	湖北/4.07 万公里	山西/18.87 万小时
13	山东/1356 起	吉林/3.31 万公里	天津/18.11 万小时
14	新疆/1223 起	—	—
15	湖北/1141 起	—	—

2018 年，陕西、甘肃、湖南、河南和山西的公路网阻断事件严重度❶较高，具体情况见表 2-10。从区域分布来看，西北、华北、华中和三个地区的公路网阻断事件严重程度较高。公路网阻断事件重复系数较为突出的省份分别为山东、天津、山西、黑龙江和北京，具体情况见表 2-11。

2018 年省域公路阻断事件严重度情况　　　　　　　　　　　　　　　　表 2-10

序号	省　份	阻断事件严重度（万公里·天）	严重程度
1	陕西	149.65	非常高
2	甘肃	32.49	较高
3	湖南	29.61	较高
4	河南	25.99	较高
5	山西	21.81	较高
6	江西	21.06	较高
7	黑龙江	19.99	较高

---

❶ 阻断事件严重度：区域路网中路段的阻断里程（单位：公里）与阻断时间（单位：天）乘积之和。阻断事件严重度是反映公路网阻断事件严重程度及造成损失的指标，数值越大说明严重程度和损失越高。

续上表

序号	省份	阻断事件严重度（万公里·天）	严重程度
8	内蒙古	19.80	较高
9	新疆	19.63	较高
10	山东	16.76	较高

2018年阻断事件重复系数较高的省份　　表2-11

序号	省份	总里程（公里）	累计阻断里程（公里）	重复系数
1	山东	1792	53995	30.13
2	天津	3923	91900	23.43
3	山西	27532	275914	10.02
4	黑龙江	24528	192664	7.85
5	北京	3946	20447	5.18
6	重庆	18221	91352	5.01
7	河南	33625	138524	4.12
8	河北	26535	96974	3.65
9	湖南	37120	128999	3.48
10	江苏	21126	70677	3.35

（三）阻断事件成因分析

2018年，因突发性原因（地质灾害、事故灾难、恶劣天气等）造成的阻断事件共59878起，占阻断事件总数的67.17%；因计划性原因（施工养护、重大社会活动等）造成的阻断事件共29264起，占阻断事件总数的32.83%。根据近五年阻断事件成因变化趋势分析，成因分布比例情况趋同。相比2017年，2018年阻断事件中地质灾害减少825起，恶劣天气增加7252起，事故灾害增加208起，施工养护增加21326起。具体如图2-29、图2-30所示。

通过对2018年阻断事件成因的详细分析，由于雨、雪、雾等恶劣天气引起的阻断事件占所有阻断事件的22.02%，由于施工养护引起的阻断事件占31.32%，由于事故灾难引起的阻断事件占22.35%。这三个因素引发的阻断事件之和占所有阻断事件的75.68%。具体如图2-31所示。

图 2-29　2014—2018 年公路阻断事件成因变化趋势

图 2-30　2014—2018 年公路阻断事件主要成因分布趋势

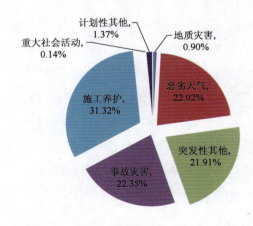

图 2-31　2018 年公路阻断事件主要成因分布

五、全国干线公路网技术状况分析

2018年,国家干线公路网技术状况监测里程为25000公里,监测重点桥梁40座,监测重点隧道10座。

(一)路面路况检测结果及特征分析

根据2018年度国省干线公路网监测项目实施结果,全国共计抽检的1.485万公里普通国道和1.015万公里高速公路,按照《公路技术状况评定标准》(JTG H20—2007)进行评定,普通国道公路评定等级为良等水平,高速公路评定等级为优等水平。

1. 普通国道路面技术状况

2018年,全国普通国道路面综合使用性能指数PQI为86.98;路面损坏状况指数PCI为84.68;路面行驶质量指数RQI为90.43。具体情况详见附表C-1。

根据2018年度普通国道技术状况检测情况看,其结果呈现以下几方面特征:东部地区普通国道路况水平显著优于中、西部。东部普通国道路况水平评价为优等,中、西部普通国道路况水平均评价为良等,东、中、西部路况分别达到《"十三五"公路养护管理发展纲要》中"东、中、西部普通国省道PQI分别达到82、80、78以上"的要求。具体如图2-32所示。

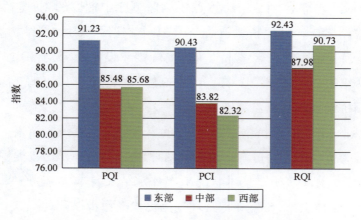

图2-32 2018年度东、西、中部普通国道路况水平对比

2. 高速公路路面技术状况

2018年,全国高速公路路面综合使用性能指数PQI为92.28,路面损坏状况指数PCI为90.94,路面行驶质量指数RQI平均值为93.75,路面车辙深度指数RDI平均值为91.98。具体情况详见附表C-2。

根据2018年度高速公路技术状况检测情况看,其结果呈现以下几方面特征:东部地区高速公路路况水平显著优于中、西部。东、中、西部高速公路路况等级均为优等,东部地区的路况好于中、西部地区,较中、西部地区的PQI均值分别高出1.46和1.50。具体如图2-33所示。

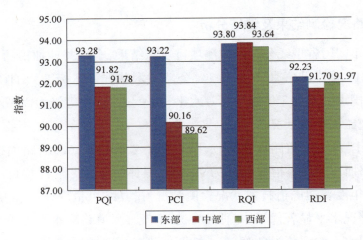

图2-33　2018年度东、西、中部高速公路路况水平对比

(二)重点桥梁监测结果及特征分析

2018年,交通运输部对"十三五"重点桥梁监测库中抽取的40座桥梁进行了技术与安全状况抽检和巡查。40座桥梁覆盖全国31个省(区、市)。按结构类型分,梁式桥29座,拱桥6座,斜拉桥4座,悬索桥1座;按桥梁建设年份分,桥龄20年及以上的6座,桥龄15～19年的2座,桥龄10～14年的30座,桥龄10年以下的2座。

1. 重点监测桥梁技术状况监测结果

2018年重点监测的40座桥梁,管养单位的末次定期检查评定结果为:一类桥1座,二类桥31座,三类桥8座。经过本次监测确认评级,一类桥1座,二类桥28座,三类桥10座,四类桥1座。有4座桥梁技术状况末次评定结果与本次监测结果不一致。详细结果见附表C-3。总体上看,桥梁养护管理规范化水平稳步提升。

2. 重点监测桥梁技术状况和管养特征分析

(1)桥梁结构技术状况总体较好。抽检桥梁中,本次监测评定等级为一、二类的桥梁占比72.5%,仅1座桥梁监测评级为四类桥。桥梁永久观测点和检修通道设置情况总体情况良好,部分桥梁需要改进和完善。抽检桥梁管养单位均能够根据检查中发现的问题,及时采取维修或加固处置措施,养护维修效果总体较好。但个别桥梁维修的及时性存在问题,养护维修存在有遗漏,结构仍有部分病害。

(2)养护管理规范化水平有所提升。通过对省级行业主管部门及管养单位养护管理规范化进行检查并按照内外业权重评分,平均得分92.00分,其中评分结果大于90分的有32座(占80%),80~90分的有8座(占20%),较2017年总体水平91.90分有所提升。

(3)检查和评定工作仍需规范。抽检桥梁中有32座能够按规范要求及时开展桥梁经常检查,但有17座桥梁在定期检查开展的频率、深度、报告的规范性等方面存在问题,占比42.5%。31个省(区、市)中,能够对"三特"桥梁有明确定义并安排了专项养护资金的省(区、市)仅有9个,抽检桥梁中有11个省(区、市)12座桥梁的养护资金投入不能有效保障养护工作的开展,资金保障不足问题依然存在。

(4)制度建设与技术管理日趋完善。抽检桥梁的管养单位均具有一定的技术实力,能够制定养护管理制度、配备较为齐全的养护机械设备;均配备了桥梁养护工程师,并组成专业队伍负责养护工作;建立"一桥一档"妥善管理桥梁运营养护资料,39座桥梁均建立了桥梁养护管理系统。但也存在桥梁管养单位科学决策能力整体薄弱、部分桥梁养护工程师专业素养不足、桥梁养护手册针对性不足或未编制、部分桥梁养护管理系统更新不及时或无法使用等问题。

(5)安全运行保障情况不容乐观。抽检桥梁的管养单位均制订了桥梁突发事件应急预案并组织人员开展培训和演练,但部分仍然存在问题,安全运行保障仍需加强。

(三)重点隧道监测结果及特征分析

2018年,交通运输部对10个省(区、市)的10座隧道进行了技术与安全状况抽检和巡查。其中,特长隧道7座,长隧道3座;按隧道建设年份分,隧龄15年以上的1座、隧龄10~15年的4座、隧龄5~10年的5座。

1.重点监测隧道技术状况监测结果

2018年度重点监测的10座隧道,管养单位的末次定期检查评定结果为:二类隧道8座,三类隧道2座。经本次监测确认,二类隧道8座,三类隧道2座。共计2座技术状况末次评定结果与本次监测结果不一致。详细结果见附表C-4。

2.重点监测隧道技术状况和管养特征分析

(1)技术状况总体良好。抽检的10座隧道中,评定等级为二类的8座,评定等级为三类的2座,无四、五类隧道,技术状况总体良好。但是,部分隧道的土建结构和机电设施不同程度存在短板,土建结构问题集中分布在衬砌、路面、标志标线。机电设施问题集中分布在监控与通信设施、消防设施。

（2）养护管理规范化仍需提升。通过对省级行业主管部门及管养单位养护管理规范化进行检查并按照内外业权重评分，平均得分 83.07 分，其中评分结果大于 80 分的有 8 座，较 2017 年总体水平 73.76 分有很大提升。省级行业主管部门问题集中分布在资金保障制度、定期培训制度、年度报告制度；管养单位问题集中分布在技术档案管理、附属设施管理、通行安全管理、管理与技术创新。

（3）监控与通信设施养护管理急需加强。抽检的 10 座隧道机电设施技术状况平均得分 84.97，问题主要集中在能见度检测器、CO 检测器、风速风向检测器和视频交通事件检测器等设施。隧道监控及通信设施不能正常开展工作，将大大增加灾害条件下的应急响应时间，不利于紧急救援工作开展。

（4）安全救援设施设置需进一步改善。8 座隧道紧急停车带标志位置提示标志设置不符合规范，6 座隧道立面标志设置不符合规范。

（四）公路交通安全设施分析评估

2018 年继续对北京、天津、重庆、河南、陕西、湖南、宁夏和西藏 8 省（区、市）受检的 2889.5 公里普通国道进行公路交通安全设施风险分析评估工作。结果显示，8 省（区、市）安全设施设置基本符合现行标准规范和有关技术要求，评估路段公路风险综合分值处于中等水平。受检省份总体标志遮挡率为 4.47%，中心线完好率为 96.32%，路侧防护率（按检测车辆行进方向）左侧为 99.89%、右侧为 99.86%。

第三章 公路网运行管理与服务系统建设情况

一、公路网运行监测与应急设施及系统建设情况

(一) 公路网交通量监测设施建设情况

公路网交通量监测设施主要有车辆检测器和交通量调查设备两类。2018年,全国高速公路交通量监测设施总规模达2.1万套,平均布设密度达10公里/套;普通国省干线公路交通量监测设施总规模达1.1万余套。部分地区交通量监测设施情况如图3-1所示。

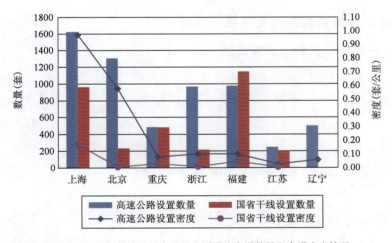

图3-1 2018年部分地区交通量监测设施布设数量和布设密度情况

交通量监测设施各省(区、市)规模程度差异化较大,北京、上海、浙江、福建等省份公路交通量监测设施布设情况较好。高速公路中,上海、北京的平均布设密度最高,接近1公里/套;浙江、福建、贵州、甘肃约为5公里/套;其余省(区、市)为10~20公里/套,内蒙古、广西在50公里/套以上。普通国省干线公路中,北京的平均布设密度最高,为

4.10公里/套;上海次之,为6.15公里/套;江苏、天津约为20公里/套;浙江、河北、安徽、吉林为30~50公里/套,其余省(区、市)在70公里/套以上。

近年来,各省(区、市)对交通量参数监测设施建设重视程度不加强。2018年,上海增加774套,甘肃增加475套,山西增加460套,北京增加134套,贵州增加106套,云南增加144套,青海增加119套。部分地区近五年高速公路交通量监测设施布设情况如图3-2所示。

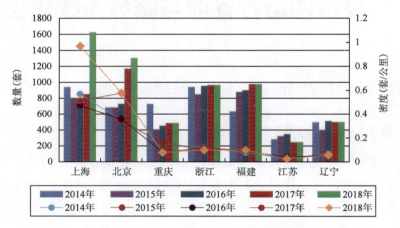

图3-2　2014—2018年部分地区高速公路交通量监测设施布设情况

(二)公路网视频监测设施及系统建设情况

1. 全国公路网视频监测设施建设情况

2018年,全国视频监测设施(含路段互通、收费站、桥隧、服务区)已基本覆盖长大桥隧、大型互通、服务区、收费站广场、服务区以及超限超载检测站等重要监控点,总规模达到22.7万套。其中高速公路21.4万套,平均布设密度达4公里/套;普通公路1.3万套,平均布设密度为50~70公里/套。此外,视频监测设施数字化、高清化(720P以上)比例逐年提高,高速公路平均占比已达40%以上,广东、江苏、湖南占比高达80%以上。

当前,视频监测设施区域分布密度差异较大,例如:高速公路中,北京(1500套)、天津(3000套)、河北(7300套)、上海(820套)、山东(8600套)、江西(7600套)已实现全程视频监控;江苏(4100套)、浙江(3400套)、安徽(3300套)、云南(3200套)布设密度接近2公里/套,河南(3300套)、广东(4400套)、陕西(2700套)、重庆(1300套)布设密度接近3公里/套。普通国省干线中,上海(228套)、浙江(981套)布设密度约10公里/套,江苏(927套)、福建(880套)布设密度约为20公里/套,天津(95套)、山东(500套)、广东(720套)布设密度为30～50公里/套,其余省(区、市)布设密度均在50公里/套以上。部分地区路段(互通)视频监测设施布设情况如图3-3所示。

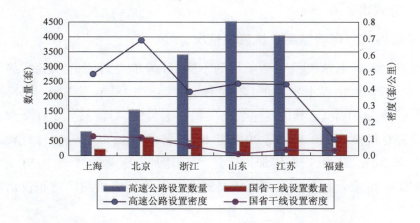

图3-3 部分地区视频监测设施布设情况

与2017年相比,部分省(区、市)高速公路沿线视频监测设施布设数量有所增加。其中,河北增加1538套,四川增加915套,河南增加855套,陕西增加665套,甘肃增加459套,辽宁增加286套,相应布设密度也有所提高。部分地区近五年高速公路视频监测设施布设情况如图3-4所示。

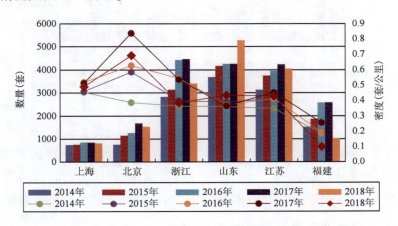

图3-4 2014—2018年部分地区高速公路视频监测设施布设情况

2. 全国公路网视频监测系统建设情况

2018年,全国各省(区、市)均已建成省级公路网视频监测系统。其中,北京、上海、江苏、广西、四川、陕西、青海、新疆8省(区、市)完成了高速公路及普通国省干线公路视频资源汇聚,大部分省份已完成高速公路视频资源汇聚,但尚未实现普通公路视频省级汇集。各省(区、市)在实现视频资源汇聚的基础上,对事件检测等定制化功能进行了开发,提高了监测效率。

(三)公路网气象环境监测设施建设情况

公路交通气象观测站根据观测项目的不同,分为单要素(如能见度、路面、气象环境)和多要素(观测两项以上)自动气象观测站两类。2018年,全国各类公路气象监测设施总规模已达3400余套,其中高速公路气象监测设施总规模达3100余套;普通公路气象监测设施总规模近340套。与2017年相比,各省(区、市)高速公路沿线气象监测设施数量有所增加。其中,安徽增加459套,湖南增加293套,吉林增加51套,山东增加39套,山西增加28套。部分地区近五年高速公路气象环境监测设施布设情况如图3-5所示。

图3-5 2014—2018年部分地区高速公路气象监测设施布设情况

从公路气象环境监测设施密度情况看,安徽省高速公路气象设施密度较高,达10公里/套,北京、天津、河北、吉林、上海、江苏、浙江、湖南、重庆、贵州、青海等省份高速公路布设密度为30~50公里/套,其余省(区、市)布设密度均在50公里/套以上。

(四)公路应急物资储备及装备建设情况

截至2018年底,国家级区域性公路交通应急物资储备中心建设正在稳步推进中,河南、黑龙江、浙江、西藏、新疆等省份已完成主体工程建设,装备物资等已入库并投入使用;四川、甘肃、吉林等省份已完成主体工程施工,并已开展装备物资招标等相关工作。国家级区域性公路应急装备物资储备中心建设情况如表3-1所示。

国家级区域性公路应急装备物资储备中心建设情况　　　　表 3-1

序号	省　份	选址位置	前期	在建	建成
1	河北	待定	▲		
2	吉林	长春		▲	
3	黑龙江	北安			▲
4	浙江	杭州			▲
5	山东	临沂	▲		
6	河南	郑州			▲
7	湖南	岳阳			
8	广东	清远		▲	
9	四川	眉山		▲	
10	贵州	黔南		▲	
11	云南	昆明		▲	
12	西藏	拉萨、昌都			▲
13	陕西	西安			
14	甘肃	兰州		▲	
15	青海	海南自治州		▲	
16	新疆	昌吉、阿克苏、喀什	▲		▲

截至 2018 年底,各省(区、市)基本建立省、市、县三级应急物资储备体系。各地根据辖区公路突发事件特点,储备了必要的防汛、清障、机械化桥等公路抢修抢通装备,以及融雪剂、防滑料、沙袋等应急物资,配备了无人机、应急通信车、模块化桥、吹雪车等高科技应急装备。在突发事件应急处置和重大社会活动、重大节假日、重要时段期间,应急对讲设备也起到了重要的作用,公路交通突发事件应急装备水平进一步提升。

全国公路网运行监测设施布设数量详见附录 D。

(五)桥梁、隧道安全健康监测设施建设情况

据不完全统计,全国公路网已建成各类跨海、跨江(河)的特大型桥梁健康监测设施 368 套。2018 年新增的桥梁结构健康监测系统设施主要包括:上海 G40 沪陕高速公路长江大桥、S32 申嘉湖高速公路闵浦大桥,广西 S5101 南宁外环高速公路大冲邕江特大桥,青海 G0611 张汶高速公路海黄大桥、云南 G214 悉尼特大桥、浙江 G228 三门段键跳大桥、S226 温岭段东环立交桥、G329 朱家尖大桥、G526 岱山段江南大桥的。全国各省(区、市)桥梁健康监测设施现状详见附录 E。

2018年,桥隧智慧监测领域取得宝贵经验。例如,湖南、浙江、辽宁等省在隧道提质升级改造工程中,通过联合帝信科技研发"智慧隧道(群)综合管控与指挥一体化平台",以实现高速公路隧道智慧管控为导向,从预防、处置、运维三个维度构建了集三维呈现、环境监测、事件预警、设施联控、事故处置指挥以及隧道智能运维、电力节能、动环监控、消防联动等为一体的智能化、多层级隧道智能运维平台,实现了精准监测、综合管控、决策指挥和智能运维等功能应用,达到了监控自动化、事件处置智能化、资产管理数字化的应用目标。同时,在隧道运营与管控技术创新方面,一体化平台通过打造"1个数据中心＋2级业务管控＋4大业务框架＋6个核心单元＋4级设施管控"的体系,实现了隧道运营管理的降本增效与智能化运维,并将依托成果编制了《公路隧道机电综合管控技术标准》。

"智慧隧道(群)综合管控与指挥一体化平台"功能示意图

二、公路网出行服务设施及系统建设情况

(一)全国公路出行服务网站及"两微"平台建设情况

1. "中国路网"服务网站及"两微"平台建设情况

"中国路网"是交通运输部公路出行信息服务网站的代表,为公众及时提供实时公路路况、公路气象、节假日出行研判等服务,可查询各省(区、市)服务电话和公路基础数据等信息,并同步发布于交通运输部官方网站"公路出行"板块,有效服务于公路出行。2018年,"中国路网"的"两微"平台建设初见成效。交通运输部路网中心官方微博、微信统一更名为"中国路网",携手打造"中国路网"出行服务品牌。截至2018年底,"中国路网"官方微博及微信公众号累计发布信息18500余条,关注人数突破25万,总阅读量数超1亿余次,为出行者提供了及时有效的信息服务。

> 2018年清明假期,"中国路网直播间"首次在交通运输部综合应急指挥中心进行8小时不间断路况直播。直播通过"央视新闻+"、央视新闻移动网、央视新闻、今日头条等平台全面介绍假日期间全国路网运行情况。直播活动创新了服务模式,与北京、天津、河南、湖南、广州、云南、甘肃等7省市进行现场连线,观看人数累计约1112.83万人次,在"央视新闻+"当日全平台观看量排名第5。

2018年,由交通运输部路网中心打造的"中国路网直播间"正式建成,通过探索建立常态化视频路况直播节目采编播机制,重点针对重大节假日及重大活动、重特大突发事件多维度发布路况信息。目前,"中国路网直播间"已正式入住"央视新闻+"直播平台,实现视频直播资源互推共享,形成了以路网出行服务信息为主要内容,每周定期播出、突发事件实时插播的又一公路出行服务品牌。

2. "中国路网"出行服务矩阵建设情况

2018年,以"中国路网+新媒体直播+出行头条"为主体的"中国路网"出行信息新媒体服务矩阵初步建立。全年通过各类矩阵平台发布"全国路况播报"等视频直播节目110余条,累计观看人数约8000万。重点针对汛期突发事件及台风登陆情况,积极发挥服务矩阵联盟成员"出行头条"优势,第一时间发布最新路况信息。"中国路网"新媒体矩阵及政务新媒体的广泛使用,极大地促进了出行信息服务内容的传播,提高了公路出行信息的立体服务效果。

> 2018年,交通运输部路网中心联合河北交通投资集团打造"尚高速"App软件,为用户提供便捷高效的高速公路出行服务。同时,部路网中心所属行云数聚(北京)科技有限公司开发的"票根"客户端投入使用,专注为出行用户提供可靠、专业的收费公路通行费电子发票开具服务。截至2018年底,"尚高速""票根"等出行信息服务类客户端实时启动日活跃用户数量2.2万次,累计下载量超过350万,信息累计查询量1.1亿次。

3. 各地公路信息服务网站及"两微一端"建设情况

截至2018年底,全国31个省(区、市)交通运输主管部门均开通了公路出行服务网站(网页),共计开通公路出行服务功能网站110个,可为高速公路出行者提供全方位路况信息、路线规划、电子地图查询等服务;部分省(区、市)建设有ETC咨询、服务区查询等专业网站(网页),可开展ETC网上受理、费用查询、出行统计等服务;陕西、青海、宁夏还可提供域内公路专业气象服务。2015—2018年公路出行信息服务"两微一端"数量变化情况如图3-6所示。

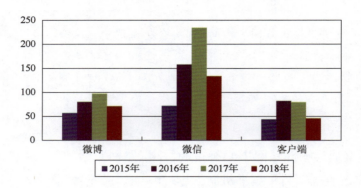

图 3-6 2015—2018 年"两微一端"公路出行信息服务数量历年变化情况

2018 年,各省(区、市)对"两微一端"平台进行升级整合,平台数量得到精简,内容质量明显提升,服务效果普遍增强。截至 2018 年底,全国各省(区、市)共开通具有公路出行信息服务功能的微博 71 个,开通具有公路出行信息服务功能(含 ETC 业务)微信账号 134 个,开通公路出行服务移动客户端 46 个。具体如表 3-2 所示。

2018 年公路出行服务新媒体平台建设情况 表 3-2

省 份	网 站	微 博	微信公众号	移动客户端
北京	5	3	7	4
天津	1	5	5	2
河北	4	1	2	1
山西	2	1	5	1
内蒙古	3	2	5	1
辽宁	4	2	2	1
吉林	8	2	3	1
黑龙江	2	0	4	1
上海	3	3	4	2
江苏	4	2	6	3
浙江	3	4	6	2
安徽	5	6	7	2
福建	4	1	5	3
江西	5	5	5	0
山东	5	7	11	5
河南	5	3	6	1
湖北	4	2	2	1
湖南	2	1	4	1

续上表

省份	网站	微博	微信公众号	移动客户端
广东	5	1	9	4
广西	4	3	3	0
海南	2	0	1	0
重庆	2	3	4	1
四川	3	2	4	1
贵州	4	1	4	1
云南	3	1	4	2
西藏	2	0	1	0
陕西	4	2	5	2
甘肃	4	3	3	1
青海	4	2	4	1
宁夏	3	2	2	1
新疆	1	1	1	0
合计	110	71	134	46

(二) 公路出行客服与救援电话系统建设与运行情况

1. 各地公路出行客服与救援电话系统情况

截至 2018 年底，全国 31 个省（区、市）均开设 24 小时公路出行客服与救援电话，共计开通客服电话号码 82 个（含 ETC 客服及 12328 电话），部分省（区、市）的 12328 与 12122 客服电话实现并线或联合统一受理。其中，按照号码资源分类，12328 号码 31 个，12122 特服号码 14 个，96 字头号码 25 个，其他号码 12 个。在开通的 12122 号码中，开设在高速公路管理部门号码 11 个，开设在高速公路运营单位号码 3 个。具体如表 3-3 所示。

2018 年各地公路出行客服与救援电话开通情况　　表 3-3

省份	12328	公路出行服务电话（含 ETC）		96 字头短号码	其他号码	合计
		12122				
		行业管理部门	高速公路运营单位			
北京	●			●●	●●●●	7
天津	●				●	2
河北	●	●		●		3
山西	●			●	●	3

续上表

省　份	12328	公路出行服务电话（含ETC）		96字头短号码	其他号码	合计
		12122				
		行业管理部门	高速公路运营单位			
内蒙古	●	●		●		3
辽宁	●			●		2
吉林	●	●			●	3
黑龙江	●			●		2
上海	●	●				2
江苏	●			●●		3
浙江	●		●		●	3
安徽	●			●●		4
福建	●		●	●	●	4
江西	●					2
山东	●			●●●●●	●	7
河南	●	●		●		3
湖北	●	●				2
湖南	●			●		2
广东	●			●●		3
广西	●			●		3
海南	●					1
重庆	●		●	●●		4
四川	●	●				2
贵州	●					1
云南	●					1
西藏	●					1
陕西	●	●		●	●	4
甘肃	●					1
青海	●				●●	3
宁夏	●				●	2
新疆	●					1
合计	31	11	3	25	12	82
		14				

2. 全国收费公路通行费增值税发票开具服务电话

全国唯一承担收费公路通行费增值税发票开具咨询热线电话号码95022于2018年1月1日上线运行,负责承接通行费增值税发票开具相关业务的咨询与投诉,现有座席25个、客服人员66名。2018年,热线累计受理客户咨询超187万起(其中人工受理咨询55万起),接通率95%,投诉回复率100%。

(三)全国交通广播合作建设与运行情况

截至2018年底,由交通运输部和中央人民广播电台联合打造的中国交通广播进一步扩大覆盖范围与服务能力,现已完成了北京FM99.6、天津FM99.6、河北FM101.2、湖南FM90.5四个大区域单频网的组网覆盖;完成上海(FM95.5)、浙江(FM87.5)、湖北(FM94.8)、山东(FM94.1)、河南(FM104.7)、内蒙古(FM100.9)、陕西(FM103.5)、甘肃(FM91.7)、宁夏(FM101.9)、青海(FM97.7)、新疆(FM91.7)、黑龙江(FM101.4)、山西(FM106.5)等13个省(区、市)+雄安地区(FM98.8)的频率批复。其中,上海、武汉、呼和浩特、西安、太原、兰州、银川、哈尔滨等8个城市拟于2019年春运前播出。

> 2018年9月27日,"中央广播电视总台中国交通广播湖北高速频率合作协议"签约仪式在湖北省高速公路管理局举行。央广交通传媒有限责任公司与湖北省高管局签署共建合作协议,中国交通广播湖北高速频率FM94.8将于2019年初正式开播。

此外,全国地方交通广播建设稳步持续推进,各省(区、市)公路管理部门积极与广播媒体开展合作。截至2018年底,共计30个省(区、市)交通运输部门与当地交通广播媒体开展合作132项,较2017年增长9%。其中,吉林、江苏、安徽、陕西等省深入开展交通与媒体融合,拓展省、市两级交通广播合作项目数十项。

三、全国ETC联网收费服务设施及系统建设情况

(一)全国ETC联网收费服务设施建设情况

截至2018年底,全国联网运营的29省(区、市)共有收费站9322个,同比增长8.21%;ETC专用车道19674条,约占车道总量的23.9%;2018年度新增ETC专用车道2693条,同比增长13.76%,超额完成年度建设目标任务(2000条);全网范围内主线收费站ETC车道覆盖率为98.94%。匝道收费站ETC车道覆盖率为96.96%;建成ETC

自营服务网点 1574 个,ETC 合作代理网点 58632 个,各类 ETC 服务终端 48988 个。具体如图 3-7、图 3-8 所示。

图 3-7　车道数量情况

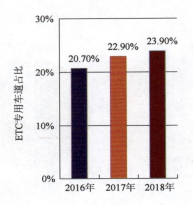

图 3-8　ETC 专用车道占比情况

(二) 全国 ETC 联网系统建设概况

1. ETC 用户数发展情况

截至 2018 年底,全国 ETC 用户 7655.7 万,约占汽车保有量的 32%,同比提高 4.1%。2018 年度累计新增用户量约 1833.4 万,超额完成年度发展目标任务。近三年 ETC 用户总量增长情况如图 3-9 所示。

全国 ETC 用户中,客车用户约为 7133.5 万,占 ETC 用户总量的 93.18%,货车用户约为 522.2 万,占 ETC 用户总量的 6.82%;记账卡用户约为 4646.2 万,占 ETC 用户总量的 60.7%,储值卡用户约为 3009.5 万,占 ETC 用户总量的 39.3%。ETC 套装用户约为

6623.9万，占ETC用户总量的86.5%；单卡用户约为1031.9万，占ETC用户总量的13.5%。2018年，ETC合作机构发行用户约为5545.1万，占ETC用户总量的72.4%，自主发行用户约为2110.6万，占ETC用户总量的27.6%。具体如图3-10所示。

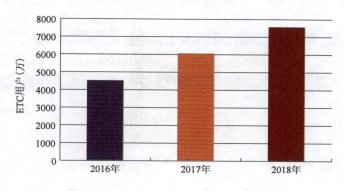

图3-9　2016—2018年ETC用户总量增长情况

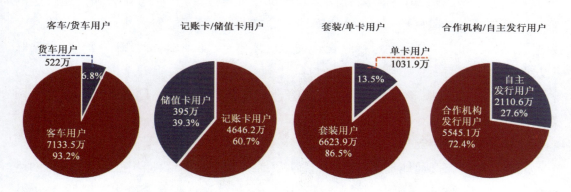

图3-10　ETC用户构成情况

2. ETC设备使用情况

2018年，ETC客车用户月均通行频次为3.7次；约26.5%的客车用通行频次在平均值以上；约12%的客车用户月均通行频次超过8次（即每周2次以上）。货车用户月均通行频次为10.3次；约28.8%的货车通行频次在平均值以上；约31.7%的货车用户月均通行频次超过8次（即每周2次以上）。

3. ETC系统其他应用情况

2018年，北京、天津、山西、辽宁、上海、浙江、江西、广东、贵州等地在机场、火车站、大型公共设施、校园等停车场广泛应用ETC，支付占比超过50%。山东发行的ETC卡在全国加油站应用已拓展到15个省（区、市），河南试点与中石油发行联名卡。

此外，ETC 的持续发展有效缓解收费站拥堵。经测算，2018 年全国 ETC 联网运行节约车辆通行时间约 2002.5 万小时，节约车辆燃油约 13.2 万吨，减少污染物排放超过 4.1 万吨。近三年 ETC 社会效益情况如图 3-11 所示。

	2016年	2017年	2018年	较2017年
节约时间(万小时)	1314	1693	2002.5	↑ 18.3%
节约车辆燃油(万吨)	8.7	11.2	13.2	↑ 18.3%
减少污染物排放(万吨)	2.7	3.4	4.1	↑ 18.3%

图 3-11　2016—2018 年 ETC 社会效益情况

四、部省两级路网管理平台建设与联网情况

为实现"十三五"全国公路网运行管理"自动化监测、数字化管理、协同化运行、智能化服务"的既定目标，2018 年 7 月，交通运输部正式批复并启动"全国公路网运行监测管理与服务平台工程"（以下简称"路网平台"）建设。目标是：努力建设一个全路网大数据资源中心和一个全路网运行综合管理与应用平台，实现部省两级路网平台数据联网与业务协同的两项核心功能，为全面打造"智慧路网"体系，提升全国公路网运行监测、应急处置和公众服务能力提供信息化综合支撑平台。部级路网平台总体架构框图如图 3-12 所示。

1. 建设系统应用支撑平台

完善全国公路交通地理信息系统，搭建数据共享交换平台、应用服务总线、路网运行仿真平台、大数据分析平台、数据质量管理系统、通信调度平台等应用支撑平台，以及全国公路视频联网监测基础平台，实现支撑业务应用功能。

2. 建设公路网运行管理数据中心

汇集全国公路网运行与行业外信息资源，建设公路网运行管理数据中心。包括：建设基础数据库、业务数据库、主题数据库、交换共享数据库的建库工作，完成数据抽取转换加载的 ETL 标准化融合，开展多维分析与交换应用，实现数据管控与容灾功能，进行初步的大数据应用分析等。

3. 建设路网监测与服务 4 大应用系统

建设全国公路视频联网监测系统、公路网运行综合监测预警系统、公路网应急管理与协同处置系统、公路网运行综合分析系统等 4 大应用系统，全面支撑部省两级公路网运行管理各项业务在线化应用。具体如图 3-13 所示。

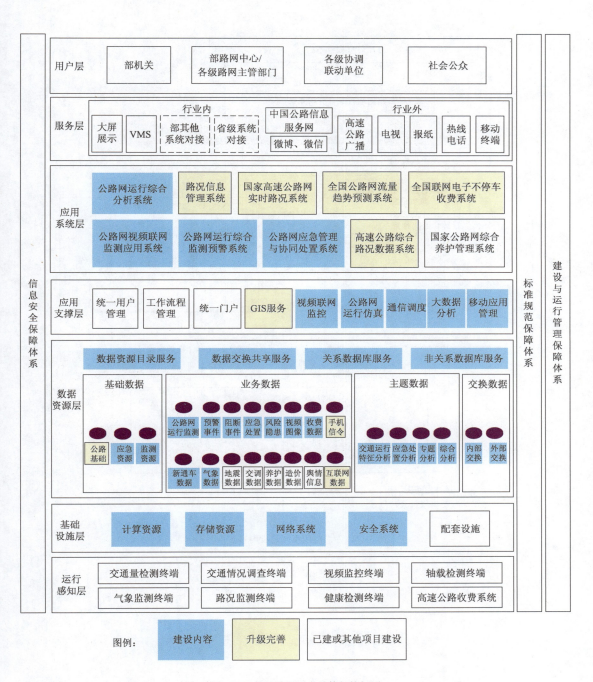

图 3-12 部级路网平台总体架构框图

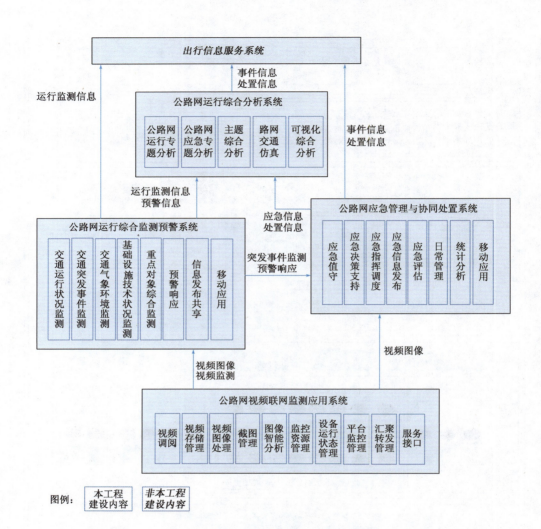

图 3-13 四大应用系统建设内容示意图

第四章 公路网运行管理与服务保障工作开展

一、公路网运行管理体制机制与制度建设情况

(一) 全国公路网运行管理体制建设情况

截至 2018 年底,全国共有北京、内蒙古、上海、江苏、安徽、江西、山东、海南、重庆、四川、贵州、云南、西藏、甘肃、青海、宁夏、新疆等 17 个省(区、市)正式建立了省级路网运行管理机构,负责统筹省域辖区范围高速公路与普通公路路网运行监测、应急处置与出行服务等工作。

全国 24 个省(区、市)设立了省级高速公路路网分中心(或监控/收费结算中心)。其中,天津、河北、山西、内蒙古、吉林、黑龙江、浙江、山东、河南、湖北、广西、四川、陕西、甘肃等 14 个省(区、市)在省级高速公路管理机构下设立;北京、辽宁、江苏、安徽、福建、江西、湖南、广东、重庆、贵州等 10 个省(市)在高速公路集团(投资控股)公司下设立。

此外,辽宁、安徽、福建、江西、青海等 5 个省在普通公路管理机构下设立了省级普通国省干线路网分中心。具体详见表 4-1。

2018 年度全国路网运行管理机构情况汇总表　　　　表 4-1

序号	省　份	省级路网运行管理机构	省级高速公路路网分中心	省级普通国省干线路网分中心
1	北京	道路路网管理与应急处置中心	北京首都公路发展集团有限公司监控中心	—
2	天津	—	高速公路路网信息服务中心	—
3	河北	—	高速公路指挥调度中心	—
4	山西	—	高速公路信息监控中心	—
5	内蒙古	路网监测与应急处置中心(自治区公路局加挂)	高速公路联网收费结算管理服务中心(自治区路政执法监察总队加挂)	—

续上表

序号	省份	省级路网运行管理机构	省级高速公路路网分中心	省级普通国省干线路网分中心
6	辽宁	—	辽宁高速公路运营管理有限责任公司监控中心	交通运输厅公路管理局路网安全中心
7	吉林	—	高速公路指挥调度中心	
8	黑龙江	—	高速公路指挥监控中心	—
9	上海	交通指挥中心	—	
10	江苏	公路网管理与应急指挥中心	江苏交通控股有限公司监控中心	
11	浙江	—	高速公路收费结算中心	
12	安徽	交通运输联网管理中心（安徽省交通运输综合执法监督局加挂）	安徽省交通控股集团有限公司监控中心	省公路管理服务中心
13	福建	—	福建省高速公路集团有限公司监控中心	路网监测与应急处置中心
14	江西	交通运输厅应急指挥中心（高速公路联网管理中心加挂）	江西省高速公路投资集团有限公司监控中心	路网信息中心
15	山东	交通运输监测与应急处置中心	数据应用和收费结算中心	—
16	河南	—	高速公路联网管理中心	
17	湖北	—	高速公路联网收费中心	
18	湖南	—	湖南省高速公路集团有限公司路网运行监测指挥中心	
19	广东	—	广东省交通集团有限公司高速公路监控中心	
20	广西	—	高速公路联网收费管理中心	—
21	重庆	交通运行监测与应急调度中心	重庆高速公路集团有限公司监控中心	
22	海南	交通运输厅信息中心	—	
23	四川	路网监测与应急处置中心	高速公路联网结算管理中心	—
24	贵州	交通信息与应急指挥中心	贵州高速公路集团有限公司路网中心	
25	云南	路网监测与应急指挥中心		
26	西藏	路网监测与应急处置中心	—	

续上表

序号	省　份	省级路网运行管理机构	省级高速公路路网分中心	省级普通国省干线路网分中心
27	陕西	—	高速公路联网收费管理中心	—
28	甘肃	交通运行(路网)监测与应急处置中心	高速公路交通调度指挥中心	—
29	青海	路网运行监测与应急处置中心	—	省公路局公路养护应急保障中心
30	宁夏	路网监测与应急处置中心(交通信息监控中心加挂)	—	—
31	新疆	路网监测与应急处置中心	—	—

(二)公路网运行管理制度与标准建设情况

2018年,为进一步加强和规范国家公路网运行管理工作,提高公路管理网络化、协同化和信息化水平,保障人民群众安全、便捷、高效出行,交通运输部在修订印发《公路交通阻断信息报送制度》《公路交通突发事件应急预案》的基础上,启动编制《国家公路网运行管理办法》。此外,为提高公路网运行管理标准化工作,交通运输部路网中心会同部公路院、规划院及相关单位,共同开展了《公路网运行监测与服务暂行技术要求》修订工作。本次修订共计划形成《公路网运行管理平台》《公路网运行监测技术规范》《公路应急处置技术规范》以及《公路出行信息服务技术规范》系列标准。同时,为拓展路网运行监测、ETC等技术标准化工作,开展了《公路视频云联网技术与管理技术标准》《高速公路情报板信息联网发布技术标准》以及《标准化ETC专用车道总体技术方案》《ETC测试验收规程(试行)》《ETC运营服务与系统维护指南(试行)》等标准编制工作,有效促进了路网运行管理工作的标准化、规范化。

2018年,各省(区、市)交通运输主管部门高度重视路网运行管理制度建设,编制出台了一系列制度规范,促进了地方路网运行管理事业的规范化发展。如:青海省2018年制订出台了《青海省路网运行监测与服务信息管理制度》《青海省路网运行监测与服务信息考核制度》《青海省路警联动工作会议制度(试行)》,实现了对全省公路路况信息采集、报送、发布等工作的规范管理,强化了考核机制和路警联动机制建设,为服务公众安全便捷出行提供了制度保障。

二、公路交通应急处置与保障工作开展情况

(一)公路交通应急预案管理与保障建设情况

2018年,交通运输部多次组织对修订后的《公路交通突发事件应急预案》进行全面宣贯与培训。北京、安徽、甘肃、贵州、海南、河南、辽宁、内蒙古、山东、山西、陕西、上海、新疆、云南、浙江等15个省(区、市)已经完成或正在进行本地区公路交通突发事件应急预案的修订工作,不断提升预案可操作性,细化处置流程,逐步形成面向综合应急、专项应急及应急操作的应急预案体系。

2018年,公路各级基层应急响应能力不断提升。高速公路、普通国省干线公路依托路政、养护、应急保畅人员组建了应急救援队伍,公路应急抢通力量逐渐专业化和正规化。截至2018年底,部分省份公路应急救援队伍建设情况如表4-2所示。

省级应急救援队伍建设情况表　　　　　　表4-2

序号	省　份	高速公路应急队伍	国省干线应急队伍
1	北京	9支	24支
2	天津	24支	14支
3	辽宁	16支	150支
4	吉林	372支	12支
5	江苏	—	13支
6	浙江	142支	93支
7	安徽	300支	87支
8	河南	268支	60支
9	广西	74支	93支
10	四川	2115人	305支
11	重庆	23支	45支
12	贵州	146支	—
13	云南	19支	480人
14	甘肃	446人	16支

(二)公路交通应急演练工作开展情况

1. 2018年度国家公路交通军地联合应急演练情况

2018年,由交通运输部、江苏省人民政府、武警第二机动总队主办的部省公路交通军地联合应急演练于11月14日在江苏镇江举行。本次演练围绕"冬季公路交通综合

应急保障"联合演练主题,设置联动预防预警、部省联合军地响应、干线公路除雪除冰抢通、国省道快速打通、危化品事故快速处置、空地联合清障救援等6个预设科目及3个非预设科目。通过演练,进一步强化了部省应急指挥体系,积累了长江中下游地区冬季雨、雪、雾、冰冻等恶劣天气下公路交通突发事件应急指挥经验;提升了部省市、军地各层次各方面协同配合,以及政府各部门和武警部队应对公路交通突发事件的快速反应和应急处置能力;更为检验现代化、高效化的应急处置新装备提供了重要示范。

本次演练具有很强的开创性。一是首次在武警部队领导指挥体制改革后举办公路交通军地联合应急演练,坚决贯彻了党中央关于武警部队领导指挥体制调整的决策部署,全面维护和贯彻了军委主席负责制。二是首次全过程展示了长江中下游地区冬季公路交通综合应急保障,全面总结了江苏省"多方协同、快速反应"的应急处置工作做法和"可视、可控、可服务"的现代路网运行技术手段。三是首次实现军地、部省市两方三级联网联动,充分体现了"统一指挥、分级管理、属地为主"的处置原则,强化了军民融合发展,是军地、部省、部门联动的一次成功实践。

在本次演练中,部路网中心联合安正科技公司首次应用其研发的"一网、一图、一平台"通信调度系统,实现了部—省—现场指挥中心的实时远程通信,以及语音、视频与数据资源的远程对接传输。该系统通过在应急演练现场(如隧道塌方点、公路滑坡处、车辆拥堵路段等关键位置)部属远程通信基站、布控球及佩戴头戴式应急终端等便携式设备,并利用行业专网、卫星等通信网络,实现各类终端的双向互联互通,为应急抢险工作人员及时掌握现场情况,合理调配和投放应急力量,开展远程会商与应急指挥提供了重要支撑,实现了对公路交通突发事件应急处置全过程的"可视、可测、可控、可服务"。

"一网、一图、一平台"通信调度系统终端设备

2. 地方公路交通应急演练工作开展情况

2018年,各级公路管理部门按照《公路交通突发事件应急预案》要求,开展各类公路应急演练1000余场,重点探索了模块化桥、无人机航拍、救援机器人等新型应急装备在应急处置工作的磨合应用。2018年部分省(区、市)应急演练工作开展情况如表4-3所示。

2018年部分省份应急演练开展情况表　　　表 4-3

序号	省　份	高速公路演练次数	普通公路演练次数
1	天津	20	
2	山西	15	80
3	辽宁	80	—
4	吉林	28	10
5	安徽	53	—
6	河南	—	80
7	江西	9	—
8	湖南	9	—
9	广西	79	93
10	贵州	34	—
11	重庆	70	
12	青海	137	
13	新疆	260	

(三) 重大公路交通突发事件应急处置情况

1. 年初大范围低温雨雪寒潮事件

2018年1月,我国大范围受到雨雪寒潮天气影响,强冷空气持续影响中东部地区,局地持续出现大暴雪。受低温雨雪天气影响,山西、辽宁、吉林、黑龙江、内蒙古、江苏、浙江、安徽、江西、山东、河南、湖北、湖南、重庆、四川、贵州、陕西、云南、甘肃、青海、宁夏、新疆等22个省(区、市),共计超过200条高速公路近300个局部路段封闭,普通国省干线公路近50条近百个局部路段封闭。

一是提前部署,积极应对。交通运输部下发《交通运输部关于切实做好冬季公路保通保畅保运输工作的通知》(交公路明电〔2017〕25号),要求各地密切关注冬季寒潮大风和雨雪冰冻天气对道路通行造成的影响,及时上报有关信息,全力保障公路畅通,全力保障重点物资运输,全力保障路网安全平稳运行。二是加强会商,及时预警。此次大范围雨雪寒潮天气前,部级层面积极与中国气象局进行气象会商,于1月2日向可能受影响的省份发布今年首期《重大公路气象预警》,指导各地做好预警防范和处置应对工作。应对低温雨雪天气期间,联合中国气象局共发布《重大公路气象预警》17期。三是部省联动,主动处置。加强部省联动和省际协同,强化对省际重要通道、重点路段的监测,做好与相邻省份公路交通部门的沟通协调,重点做好省界路段、收费站的铲冰除雪应急处置,指导受影响地区尽最大努力及时抢通受阻路段;积极协调公安部门,尽量避免或减少封闭公路,将恶劣天气对公路交通的影响降到最低。四是发布路况,引导出行。通过中央电视台、中央人民广播电台、中国气象局华风气象、微信公众号、中国交通报、中国路网等多种媒体对预警信息、道路通阻情况以及公路交通部门应对措施进行及时发布,引导公众合理安排出行,同时为公路部门积极应对的工作进行正面宣传。

2. 雅鲁藏布江和金沙江山体滑坡形成堰塞湖事件

2018年10月中旬至11月中旬,西藏自治区先后发生了3起堰塞湖险情。

一是雅鲁藏布江堰塞湖事件。2018年10月17日5时,林芝市米林县派镇加拉村下游5公里处,因山体滑坡阻塞雅鲁藏布江,形成堰塞湖。堰塞湖最高蓄水量达5.5亿立方米。19日13时30分堰塞湖开始自然过流。此次堰塞湖造成:西藏境内县道413线17公里路段被淹;县道408线达林大桥发生垮塌;雅江下游沿线墨脱境内约80公里公路不同程度受损,部分路段塌方严重,多处路基、防护设施长距离受损,部分料场被冲毁。德兴大桥、解放大桥、德果大桥、岗玉大桥、鲁古大桥等多座桥梁局部受损,损失约3.2亿余元。

二是金沙江堰塞湖事件。2018年10月11日7时,西藏自治区昌都市江达县与四川省甘孜藏族自治州白玉县交界处发生山体滑坡,导致金沙江断流并形成堰塞湖,堰塞湖最大蓄水量达2.91亿立方米。12日下午,金沙江白格堰塞湖形成自然泄流。受此次堰塞湖事件影响,西藏境内S201约30公里被水淹没;四川境内G318线巴塘段受洪水影响约20公里,形成6处路基缺口;G215线巴塘境内在建段5公里受损;G215线上游白玉段、岗白段约40公里不同程度受损。

三是2018年11月3日12时30分,西藏自治区昌都市江达县波罗乡白格村原"10·11"山体滑坡处再次发生滑坡,形成堰塞湖,堰塞湖最大蓄水量约5.74亿立方米。11月12日11时,堰塞开始过流。受此次堰塞湖泄洪影响,四川、云南、西藏境内共计53条约675公里公路受损,其中,国道4条约169公里,省道6条约250公里,农村公路43条256公里;另有62座桥梁冲毁,其中,国道桥梁2座,为G318金沙江大桥和老竹巴笼桥。

连续灾情发生后,交通运输部高度重视,密切关注水情变化,及时向地方派出工作组,现场指导应急处置工作。先后派出3组专家,分赴四川、西藏和云南三省(区)指导地方做好损毁公路桥梁监测和评估工作,对抢通保通和灾后恢复重建提出指导意见。交通运输部两次召开视频协调会议,指导和协调公路应急抢通力量。统筹应急救援力量,及时协调和调拨公路应急物资,积极协调武警部队和周边省份,根据三省(区)需要,及时调运应急装备物资和设备,并视情给予支援。同时,加强与国家防总和应急管理部等相关部委联动,密切关注堰塞湖水情信息,指导地方及时开展灾情评估工作,安排专项资金确保灾毁公路恢复重建工作。

3. 甘肃舟曲严重公路水毁事件

2018年7月11日19时许,因舟曲境内普降大到暴雨,甘肃省甘南州境内白龙江河水上涨,上游电站泄洪,导致通往甘南藏族自治州舟曲县城的唯一道路G345多处路基冲毁。其中,K6+900南峪1号大桥0号桥台桥头引道半幅冲毁;K14~K15路面淹没(水深1.2米);K57+100处冲毁河堤450米,K57+100处路基半幅悬空50米,K57+350处路基塌陷40米,交通完全中断;S313线K7处南峪滑坡体前缘(滑舌)侵占白龙江河道,堵塞白龙江。7月12日凌晨逐步形成堰塞湖,淹没路基1800米,淹没大桥332米/2座,900米路基完全冲毁。

交通运输部派出专家组赴受灾现场指导灾毁公路抢通保通。部省两级公路专家组对全线进行勘察,并成立三个现场工作小组分工统筹抢通保通工作。一是现场踏勘作业,详细了解灾害应急处置一线情况,及时做好方案研讨、信息反馈等工作;二是指导甘肃省交通运输部门及时合理调配现场作业力量,有序开展处置工作,确保不因发生次生灾害引发新的人员伤亡;三是评估滑坡对公路交通的影响,并对下一步工作提出指导意见;四是加强技术支持,加强沿线地质灾害的监测与排查;五是会同当地公路部门制定了《舟曲县南峪乡江顶崖滑坡地质灾害抢险救灾交通保障路线方案》及G345永久通行方案。

三、全国收费公路联网收费及"营改增"工作开展情况

(一)全国收费公路联网收费情况

1. ETC全国联网系统情况

2018年,全国联网的29个省(区、市)ETC总交易量达到107.98亿笔、总交易额5327.43亿元;其中,非现金交易量达到41.71亿笔、交易额2414.02亿元。全年累计完成跨省清分结算约7.58亿笔,1077.84亿元,清分结算实时率100%、准确率100%。

2. 非现金交易情况

2018年,收费公路全网非现金通行量约41.7亿辆次,同比增长7.7亿辆次,增幅22.6%,非现金支付使用率达38.6%。其中,客车非现金通行量约35.3亿辆次,货车非现金通行量约6.4亿辆次。非现金支付使用率超过45%的省份分别为浙江、江苏、北

京、重庆、陕西、福建、上海、天津、辽宁。跨省非现金通行量约 7.6 亿辆次,同比增长 1.8 亿辆次,增幅 30.8%;约占非现金通行量的 18.2%,约占全网通行量的 7%。发行方跨省非现金通行量前五名省份分别为山东、江苏、北京、贵州、陕西。非现金交易量及使用率情况如图 4-1、图 4-2 所示。

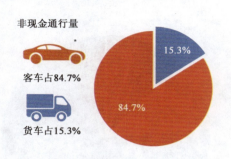

图 4-1 客车与货车非现金交易量占比

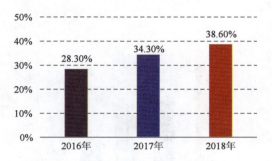

图 4-2 2016—2018 年非现金支付使用率

此外,2018 年收费公路全网各种非现金交易支付方式中,移动支付及银联卡支付方式占比为 3.9%,详见图 4-3。使用移动支付及银联卡支付方式较多的 5 个省份为广东、河南、湖北、浙江、甘肃。

3. 跨省非现金通行情况

2018 年,跨省非现金通行量约 7.6 亿辆次,同比增长 1.8 亿辆次,增幅 30.8%;约占非现金通行量的 18.2%,约占全网通行量的 7.0%。发行方跨省非现金通行量前五名的省份依次为山东、江苏、北京、贵州、陕西,如图 4-4 所示。

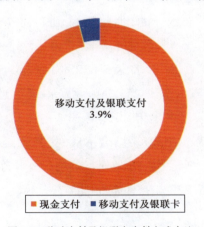

图 4-3 移动支付及银联卡支付方式占比

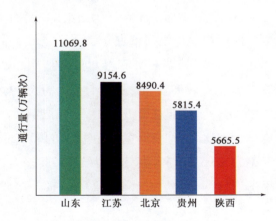

图 4-4 发行方跨省非现金通行量前五名的省份

服务方跨省非现金通行量前五名的省份依次为河北、江苏、上海、浙江、北京,如图 4-5 所示。

4. 客车非现金通行车道使用情况

2018年,全网客车非现金通行量中使用ETC车道入-ETC车道出方式的通行量占比为76.4%,详见图4-6。使用ETC车道入-ETC车道出方式的通行量占比较大的五个省份为湖南、新疆、辽宁、江苏、青海。

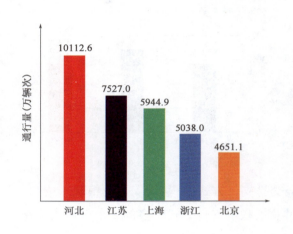

图4-5 服务方跨省非现金通行量前五名的省份   图4-6 全网客车非现金通行方式(按车道类型分)

(二)全国收费公路通行费"营改增"工作情况

2018年1月1日,全国收费公路通行费电子发票服务平台系统(以下简称"发票服务平台")正式上线,实现收费公路通行费增值税电子发票的统一开具。截至2018年12月31日,发票服务平台已为284.80万用户提供开票服务,促进了物流行业的降本增效。

1. 用户量与绑卡情况

2018年,发票服务平台累计注册用户284.80万,累计绑卡538.28万张。其中,单位卡绑卡284.98万张,占绑卡总量的52.94%;个人卡绑卡253.30万张,占绑卡总量的47.06%。已绑卡总量占ETC总发卡量的7.03%。已绑定卡片中,客车卡占比78.59%,货车卡占比21.41%。客车和货车的绑卡量之比为1∶0.27。结合ETC发卡量,客车绑卡率为5.93%,货车绑卡率为22.07%。全国年平均日绑卡情况分布不均匀。华东地区年平均日绑卡量最大(6676.23张/日,占全国的45.27%)。具体如图4-7所示。

2. 开票情况

2018年,累计开票约2.22亿张、开票金额716.83亿元。其中,客车开票量占41.95%,客车和货车的开票量之比为1∶1.38。征税消费发票约1.93亿张、开票金额430.94亿元,可抵扣税额约12.59亿元;不征税消费发票约2033.13万张、开票金额

171.51亿元;充值发票约516.03万张、开票金额131.47亿元。2018年(含国家法定节假日和周末)日平均开票量为60.80万张/日,如图4-8所示。

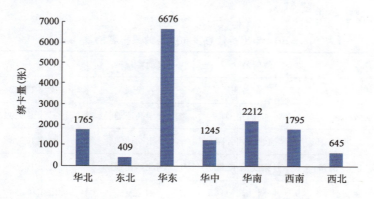

图4-7　2018年各区域日平均绑卡量分布图

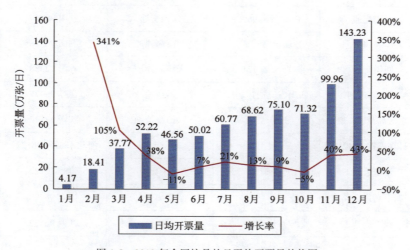

图4-8　2018年全国按月的日平均开票量趋势图

四、公路网出行服务及质量评价工作开展情况

(一)公路出行服务质量评价情况

1. 出行信息服务质量评价工作

2018年,交通运输部路网中心在2017年第一次组织行业服务产品质量评价的基础上,通过指标体系研究、专家评价、问卷调查、数据监测等方式,进一步细化4级评价指标、300余个评价参数,从内容形式、品牌建设、团队建设、传播效果等多个方面共计综合

评价出行服务单位 131 家,专业发布了微博、微信公众号、手机客户端、路况服务电话、ETC"两微一端"、新媒体直播以及互联网信息客户端等 7 个质量评价榜单。具体评价结果如表 4-4、表 4-5 所示。

2018 年出行信息发布服务效果排名榜单　　　　　　表 4-4

排名	微博	微信公众号	移动客户端	客服电话	ETC
1	甘肃高速	广东高速通	齐鲁通	福建 12122	广东
2	安徽高速	中国路网	辽宁高速通	行云数聚 95022	河南
3	山东高速出行服务	福建高速公路	广东高速通	河南 12328	江苏
4	江苏高速 96777	甘肃交通 12328	河北高速通	贵州 12328	山东
5	江西交通	河北高速	闽通宝	山东 96659	湖北
6	江西交通 12328	湖南高速公路	畅交通	辽宁 96199	山西
7	重庆交通	甘肃高速 96969	广东交通	甘肃 96969	浙江
8	天津高速公路	辽宁高速通	湖南高速通	湖南 96528	河北
9	四川交通	陕西交通 12122	天津高速通	青海 12328	天津
10	辽宁高速通	四川省交通运输厅	黔通途	江苏 96777	陕西
11	重庆高速 12122	广东交通	陕西高速通	陕西 12122	重庆
12	吉林高速路况 12122	宁夏路网	乐行上海	河北 12328(96122)	湖南
13	辽宁公路	江苏高速 96777	重庆交通	吉林 12122	北京
14	湖南高速公路	青海路网	宁夏出行易	广东 96998	内蒙古
15	江西高速	重庆交通	—	江西 96122	辽宁
16	河北高速 96122	山西高速公众服务平台	—	山西 12122	广西
17	吉林交通	四川省交通运输厅高速公路管理局	—	湖北 12122(96576)	吉林
18	江苏省交通运输厅微博	江苏交通	—	四川 12122	黑龙江
19	天津路政	江西高速	—	上海 12122	福建
20	浙江交通出行	山东高速出行信息	—	内蒙古 12122	贵州

续上表

排名	微博	微信公众号	移动客户端	客服电话	ETC
21	—	齐鲁通行天下	—	重庆 12122	江西
22	—	青海交通		广西 96333	
23		江西交通 12328	—	黑龙江 96369	
24	—	内蒙古公路局	—	宁夏 12328-4	
25	—	内蒙古交通运输厅		北京 96011	
26	—	新疆交通运输		天津 4007554007	
27	—	安徽公路		浙江 0571-88891122	

2018 公路交通新媒体直播、互联网路况信息服务效果排名榜单　　表 4-5

排名	新媒体直播服务	互联网路况信息服务
1	云南省交通投资建设集团有限公司	阿里巴巴网络技术有限公司
2	甘肃省高速公路管理局	北京百度网讯科技有限公司
3	重庆市交通运行监测与应急调度中心	北京搜狗科技发展有限公司
4	广东省交通集团有限公司高速公路监控(客服)中心	深圳市腾讯计算机系统有限公司
5	天津市高速公路管理处路网信息服务中心	深圳市凯立德科技股份有限公司
6	青海省路网运行监测与应急处置中心	—
7	湖南省高速公路路网运行监测指挥中心	
8	河南省高速公路联网管理中心	
9	北京市道路路网管理与应急处置中心	
10	山东高速股份有限公司	

2018 年的出行服务质量评价工作继续得到各省(区、市)交通运输主管部门的高度重视,上报的评价样本量大幅提升,避免了服务评价两极化、"僵尸"号搁置、质量水平差距大等问题。通过质量评价,形成了更加成熟、规范、系统的出行服务评价工作模式,评价范围逐步宽泛,指标体系逐步科学合理,垂直细分更加深入,排名设计更加人性客观,评价结果得到了行业内外普遍认可。

2. 公路沿线服务设施运营与服务质量评价筹备工作

2018 年,交通运输部开始策划公路沿线服务设施运营与服务质量评定与效果评价工作,目标是让公众深度参与公路管理与服务,遇到问题能够第一时间通过行业渠道倾诉、表达和反映,从而提高出行服务满意水平。为此,部已正式开始《全国公路服务质量满意度调查实施方案》和《全国公路服务质量满意度调查系统管理办法(试行)》编制工作,拟重点围绕大件运输许可、路政执法、治超、收费、服务区、信息服务和综合服务等7个方面,对公路服务效果、服务能力和执法行为进行评价。

(二) 公路出行服务产业联盟及社会化协作建设

1. 中国公路出行信息服务联盟大会情况

2018年3月30日,中国公路出行信息服务联盟在安徽合肥召开首次年度工作会议,交通运输部公路局、路网中心、联盟秘书长单位相关领导以及各省市53家理事单位、120余名代表出席了会议。与会代表就"互联网+出行服务"背景下,公路出行服务面临的形势、现状与今后工作重点等进行了交流,并分别就联盟的未来、运营思路和发展原则、交通强国建设、公路出行服务领域的优秀成果进行了探讨,为联盟的发展描绘了蓝图。会议还举行了新加入联盟成员的授牌仪式,并着眼自驾游出行需求,聚焦房车出行服务,举行了高峰论坛。

> 截至2018年底,中国公路出行信息服务联盟已吸引近60家单位加入,通过"出行头条"整合中国公路出行信息服务联盟公共服务能力,遇重大突发事件可触达用户超过8700万。政务新媒体的广泛使用,大大加强了全行业出行服务的传播力、影响力和服务效果。联盟成立以来,部路网中心积极组织联盟成员单位开展节假日路况联合报道工作,及时发布服务信息,引导公众科学出行。以2018年"十一"期间为例,联动津、豫、湘、粤、滇、甘等20余个省份,进行国家公路网大通道路况直播活动,互联网平台累计观看人数近2000万,取得了良好的服务效果。

2. 社会化出行信息服务协作情况

2018年,各级交通运输主管部门积极与社会化出行服务企业深入推动互联网+、大数据、云计算、人工智能与公路出行服务的深度融合,以百度、阿里巴巴、腾讯和京东等互联网公司和移动、电信等电信运营商为代表,在公路出行服务领域广泛应用信息技术,数字化水平不断提升。此外,交通运输部正在着手研发应用全国公路服务质量评价满意度调查的"互联网+二维码"系统。

附录A 6条主要通道运行状况评价结果汇总表

序号	通道名称	技术状况		阻断情况		拥挤情况			通道运行指数
		PQI	空间分布	阻断程度	阻断事件特征	拥挤度	交通量空间分布特征	拥挤度空间分布特征	
1	京哈通道 高速公路	90.79 优等	京津冀吉段处于优等水平,辽、黑段处于良等水平	累计阻断时间 1301.28d 累计阻断里程 17129.98km 阻断严重度 13061.87 km·d	京哈通道全年共上报阻断事件933起,其中突发性阻断事件191起,计划性阻断事件742起,辽宁境内路段数量最多,天津境内路段阻断程度最高	0.59 基本畅通	京哈通道中的高速公路(G1)北京段、天津段,河北段和辽宁段交通量较大,其中河北段达到66211pcu/日,比去年有所增长。黑龙江段最小,为19585pcu/日,比去年有所增长。平行的普通公路G102北京段、天津段交通量较大,超过30000pcu/日;东北地区交通量最小,为8265pcu/日;除辽宁段、黑龙江段外,其余路段交通量比去年都有不同程度减少	京哈通道中的高速公路(G1),河北段中度拥堵,天津段、河北段和辽宁段轻微拥堵,其余路段均基本畅通。与去年相比,河北段拥堵情况有所加剧,其余路段基本持平。平行的普通公路G102北京段、天津段中度拥堵,吉林段轻度拥堵,河北段、天津段拥堵情况有所缓解,其余路段基本持平	3.56
	京哈通道 普通公路	84.94 良等	北京段优等水平,冀辽吉段处于良等水平,龙江段处于中等水平	累计阻断时间 206.99d 累计阻断里程 334.89km 阻断严重度 11113.70 km·d		0.79 轻度拥堵			3.25

续上表

序号	通道名称		技术状况		阻断情况		拥挤情况			通道运行指数
			PQI	空间分布	阻断程度	阻断事件特征	拥挤度	交通量空间分布特征	拥挤度空间分布特征	
2	京沪通道	高速公路	93.73 优等	全路段均处于优等水平	累计阻断时间 577.15d; 累计阻断里程 30705.72km; 阻断严重度 19279.59 km·d	京沪通道全年共上报阻断事件 1149 起,其中突发性阻断事件 72 起,计划性阻断事件 1077 起。北京境内阻断数量最多,天津境内阻断严重度最高	1.01 严重拥堵	京沪通道中的高速公路(G2)全线交通量都较大,北京段、天津段交通量最大,为103405pcu/日;北京段、山东段交通量最小,为13796pcu/日,与去年相比有所增长。平行的普通公路中,G312 上海段交通量为 38329pcu/日,比去年有所增长;G205 江苏段和 G205 山东段,均超过30000pcu/日。与去年相比,上海段、山东段交通量分别较去年增长 5.1% 和6.1%,其余路段交通量与去年相比有所降低	京沪通道中的高速公路(G2)北京段、河北段、山东段,天津段严重拥堵,上海段中度拥堵,天津段畅通。北京段、山东段拥堵情况有所加剧,其余路段拥堵程度与去年基本持平。平行的普通公路中,G312 上海段严重拥堵,G104 北京段和 G205 山东段中度拥堵,其余路段轻度拥堵。与去年相比,G312 上海段和 G205 山东段拥堵情况略有加剧,其余路段拥堵情况有所好转	2.73
		普通公路	89.97 良等	山东段处于良等水平,其余路段处于优等水平	累计阻断时间 1158.46d; 累计阻断里程 145.19km; 阻断严重度 4014.26 km·d		0.95 中度拥堵			3.24

附录A 6条主要通道运行状况评价结果汇总表

续上表

序号	通道名称		技术状况		阻断情况			拥挤情况			通道运行指数
			PQI	技术状况空间分布	阻断程度	阻断事件特征		拥挤度	交通量空间分布特征	拥挤度空间分布特征	
3	京港澳通道	高速公路	93.38	全路段均处于优等等水平	累计阻断时间 5307.43d 累计阻断里程 48500.88km 阻断严重度 66088.73 km·d		0.81 中度拥堵	京港澳通道中的高速公路（G4）交通量较大，全线均超过35000pcu/日，其中北京段交通量最大，为8417pcu/日；河北段，河南段和湖南段交通量较去年有所增长，其余路段比去年有所下降。平行的普通公路G107北京段、河北段、河南段均超过25000pcu/日；湖南段交通量最小，为15727pcu/日。与去年相比，广东段有所增长；其余路段基本持平	京港澳通道中的高速公路（G4）北京段，湖南段严重拥堵，河北段和广东段中度拥堵，其余路段轻度拥堵。与去年相比，河北段和河南段拥堵有所加剧，广东段拥堵情况略有好转，其余路段拥堵程度基本持平。平行的普通公路G107全线拥堵情况较明显，河南段轻度拥堵或严重拥堵。与去年相比，广东段拥堵有所加剧，其余路段基本持平	3.12
		普通公路	88.91	北京段处于优等水平，其余路段处于良等水平	累计阻断时间 124.36d 累计阻断里程 63.72km 阻断严重度 2367.47 km·d	京港澳通道全年共上报阻断事件3528起，其中突发性阻断事件1148起，计划性阻断事件2380起。湖南境内路段阻断事件数量最多，并且阻断程度最高		1.09 中度拥堵			3.42

续上表

序号	通道名称	技术状况		阻断情况		拥挤情况			通道运行指数
		PQI	技术状况空间分布	阻断程度	阻断事件特征	拥挤度	交通量空间分布特征	拥挤度空间分布特征	
4	长深通道 高速公路	93.78	全路段均处于优等水平	累计阻断时间 1104d 累计阻断里程 38294.66km 阻断严重度 28590.12 km·d	长深通道全年共上报阻断事件797起,其中突发性阻断事件213起,计划性阻断事件584起。天津境内阻断事件数量最多,江苏境内阻断里程度最高	0.54 基本畅通	长深通道中的高速公路(G25)吉林段、辽宁段,福建段交通量较小,天津段、山东段和河北段交通量较大。最大的天津段为7631pcu/日。与去年相比,江苏段、山东段、天津段分别增长21%、18%、18%和15%,广东段基本持平,其余路段交通量有所下降。平行的普通公路中,G330浙江段交通量最大,达到35362pcu/日;G205福建段交通量最少,为9096pcu/日。与去年相比,G203吉林段、G205福建段和山东段有所增长,G104浙江段和G205广东段基本持平,其余路段均有所下降	长深通道中的高速公路(G25)全线较为通畅,仅广东段达到中度拥堵,天津段、山东段和浙江段达到轻度拥堵或畅通。与去年相比,山东段、天津段拥堵有所增加,其余各路段拥堵情况基本持平。平行的普通公路中,G101辽宁段,G205安徽段,G205福建段中度拥堵。与去年相比,G205广东段轻度拥堵或中度拥堵,余路段轻度拥堵或中度拥堵情况略有加剧,天津段、江苏段拥堵情况略有好转,其余路段拥堵基本持平	3.69
	长深通道 普通公路	88.33	江浙闽段处于优良等水平,其余路段处于良等水平	累计阻断时间 1083.95d 累计阻断里程 414.42km 阻断严重度 6497.84 km·d		0.93 中度拥堵			3.49

附录A 6条主要通道运行状况评价结果汇总表

续上表

序号	通道名称		技术状况		阻断情况			拥挤情况			通道运行指数
			PQI	技术状况空间分布	阻断程度	阻断事件特征		拥挤度	交通量空间分布特征	拥挤度空间分布特征	
5	连霍通道	高速公路	90.92 优等	新疆段处于良等水平，其余路段处于优等水平	累计阻断时间 6456.80d 累计阻断里程 35255.17 km 阻断严重度 183223.13 km·d			0.38 基本畅通	连霍通道中的高速公路（G30）河南段到陕西段交通量超过40000pcu/日，江苏段，河南段，陕西段和甘肃段交通量在15000pcu/日以下。与去年相比，江苏段，河南段，陕西段和甘肃段交通量略有增长，安徽段和新疆段交通量略有增长，安徽段和新疆段有所下降。	连霍通道中的高速公路（G30）全线较为畅通，各路段均为基本畅通或畅通。与去年相比，安徽段拥堵情况有所减缓，其余各路段拥挤程度基本持平。	3.79
		普通公路	86.62 良等	江苏段处于优等水平，其余路段处于良等水平	累计阻断时间 2887.47d 累计阻断里程 1077.05km 阻断严重度 76283.04 km·d	连霍通道全年共上报阻断事件918起，其中突发性阻断事件174起，计划性阻断事件744起。新疆境内阻断事件数量最多，陕西境内阻断程度最高		0.70 基本畅通	平行的普通公路中，G310河南段交通量较大，为24339pcu/日，G312新疆段交通量最小，为9340pcu/日。与去年相比，安徽段和河南段交通量有所增长，江苏段和新疆段有所下降。	平行的普通公路中，G310河南段轻度拥堵，其余路段基本畅通。与去年相比，河南段拥堵程度有加剧，拥堵基本持平	3.36

续上表

序号	通道名称	技术状况		阻断情况		拥挤情况			通道运行指数
		PQI	技术状况空间分布	阻断程度	阻断事件特征	拥挤度	交通量空间分布特征	拥挤度空间分布特征	
6	沪蓉通道 高速公路	94.18 优等	全路段均处于优等水平	累计阻断时间 2886.98d 累计阻断里程 21613.05km 阻断严重度 32515.96 km·d	沪蓉通道全年共上报阻断事件2420起。其中突发性阻断事件1506起,计划性阻断事件914起。重庆境内阻断事件数量最多,阻断程度最高	0.63 基本畅通	沪蓉通道中的高速公路(G42)江苏段交通量达到9802lpcu/日,交通量最小的重庆段为17177pcu/日。与去年相比,重庆段、安徽段和四川段略有上升,其余路段基本持平	沪蓉通道中的高速公路(G42)江苏段达到中度拥堵,安徽段到四川段拥堵略有缓解,其余路段拥堵情况基本持平	3.55
	普通公路	88.40 良等	湖北、四川段处于良等水平,其余路段处于优等水平	累计阻断时间 1657.25d 累计阻断里程 3679.39km 阻断严重度 10146.13 km·d		0.65 基本畅通	平行的普通公路中,G312江苏段交通量最大,达到4617pcu/日,G318重庆段交通量较小,为6727pcu/日。与去年相比,G318四川段、G312安徽段交通量有所增长,G318重庆段交通量有所下降,其余路段交通量基本持平	平行的普通公路中,G312上海段达到严重拥堵,G312江苏段到重庆段轻度拥堵,G318重庆段到四川段中度拥堵,G318重庆段基本畅通或畅通。与去年相比,重庆路段拥堵情况略有加剧,其余路段拥堵情况基本持平	3.67

附录B 全国高速公路出口流量分省汇总表

范围	汽车		客车流量 (万辆次)	货车流量 (万辆次)
	流量(万辆次)	同比变化(%)		
全国高速公路路网	970868	7.91	751884	204784
北京	63496	6.91	59691	3806
天津	22571	12.73	14381	8037
河北	60117	6.76	34705	21480
山西	27722	13.26	16283	11316
内蒙古	13272	86.40	7513	4884
辽宁	20540	3.48	15620	4920
吉林	8189	-3.29	6341	1848
黑龙江	8840	3.99	6808	2032
上海	44256	3.42	34333	9367
江苏	73135	9.02	56893	16243
浙江	65813	11.78	48581	17233
安徽	26069	6.47	19717	6314
福建	32769	8.86	25690	7080
江西	21519	12.63	15524	5995
山东	48343	5.14	34135	14209
河南	50967	13.04	38855	12113

续上表

范　　围	汽　车		客车流量 (万辆次)	货车流量 (万辆次)
	流量(万辆次)	同比变化(%)		
湖北	32009	8.92	24035	7975
湖南	32151	6.55	25673	6478
广东	186199	7.72	140809	36861
广西	21961	16.86	16561	5399
重庆	26176	11.06	20830	5315
四川	68852	6.75	57288	11564
贵州	33046	13.62	27752	5293
云南	38239	8.70	30668	6861
陕西	34978	8.35	26599	8165
甘肃	10123	0.31	7410	2713
青海	7050	4.90	4741	1698
宁夏	5345	3.35	3658	1686
新疆	7287	16.01	4212	2970

附录C 全国干线公路网技术状况表

2018 年全国普通国道路面使用性能指数及分项指标统计　　　附表 C-1

序号	省份	PQI	分项指标		优良路率（%）	次差路率（%）	评定里程（km）
			PCI	RQI			
1	北京	93.45	92.16	95.38	100	0.00	100
2	天津	90.56	88.76	93.26	99.05	0.00	50
3	河北	88.34	84.45	94.16	90.13	3.69	650
4	山西	82.14	78.57	87.49	70.08	8.50	450
5	内蒙古	80.65	73.68	91.11	59.57	15.13	900
6	辽宁	94.04	93.56	94.76	99.76	0.00	500
7	吉林	76.40	70.56	85.15	50.70	28.00	400
8	黑龙江	76.56	72.73	82.31	46.60	24.04	600
9	上海	92.77	92.61	93.02	100.00	0.00	50
10	江苏	94.48	95.46	93.02	99.89	0.11	350
11	浙江	94.70	96.84	91.49	99.53	0.00	250
12	安徽	93.70	94.02	93.23	98.85	0.20	350
13	福建	90.65	90.14	91.43	92.65	0.63	350
14	江西	91.61	92.68	90.01	92.54	0.79	450
15	山东	90.73	89.96	91.88	91.56	1.18	600
16	河南	89.75	88.18	92.10	94.14	1.57	500

续上表

序号	省份	PQI	分项指标		优良路率（%）	次差路率（%）	评定里程（km）
			PCI	RQI			
17	湖北	86.52	86.40	86.72	81.84	5.90	500
18	湖南	89.39	89.62	89.04	93.98	0.91	550
19	广东	88.55	88.21	89.06	93.28	0.72	550
20	广西	85.64	85.60	85.69	82.21	6.60	650
21	海南	92.71	93.00	92.27	98.87	0.00	150
22	重庆	93.51	94.40	92.16	99.93	0.00	200
23	四川	88.38	87.13	90.26	86.50	4.46	800
24	贵州	92.19	93.19	90.70	98.72	0.11	400
25	云南	91.92	93.46	89.60	94.91	3.10	800
26	西藏	77.49	69.16	90.00	35.38	10.71	800
27	陕西	93.24	92.73	94.01	96.43	0.34	550
28	甘肃	90.12	87.91	93.44	94.10	2.27	650
29	青海	79.76	74.97	86.94	57.51	17.00	550
30	宁夏	88.54	85.85	92.58	87.42	2.67	150
31	新疆	81.15	72.91	93.52	62.34	12.12	1000
	全国	86.98	84.68	90.43	80.72	6.33	14850

2018 年各省（区、市）高速公路路面使用性能指数（PQI）分项指标统计 附表 C-2

序号	省份	PQI	分项指标			优等路率（%）	次差路率（%）	评定里程（km）
			PCI	RQI	RDI			
1	北京	93.09	90.87	95.33	92.34	83.55	0.00	100
2	天津	90.27	86.52	93.45	90.53	59.77	0.00	50
3	河北	93.04	91.44	94.93	92.05	91.33	0.36	450
4	山西	89.52	84.97	92.83	91.51	51.17	0.00	250
5	内蒙古	87.18	75.82	94.78	93.54	32.86	0.22	450
6	辽宁	90.34	88.28	92.64	89.03	73.27	1.33	450

续上表

序号	省份	PQI	分项指标			优等路率（%）	次差路率（%）	评定里程（km）
			PCI	RQI	RDI			
7	吉林	93.26	91.78	94.32	93.93	93.55	0.00	250
8	黑龙江	84.81	79.56	90.47	93.18	43.68	9.76	400
9	上海	93.81	95.23	92.88	93.30	93.90	0.00	50
10	江苏	95.32	96.79	94.81	93.38	99.97	0.03	400
11	浙江	94.03	95.76	93.08	92.52	96.00	0.00	350
12	安徽	93.13	92.20	94.00	93.03	88.79	0.00	350
13	福建	94.32	94.46	94.71	92.98	90.87	0.00	350
14	江西	94.04	93.38	94.77	93.64	95.55	0.00	450
15	山东	95.22	97.01	94.42	93.54	98.78	0.33	500
16	河南	91.86	89.21	95.39	88.68	86.90	0.00	450
17	湖北	91.92	90.79	93.88	89.36	81.77	0.00	450
18	湖南	95.19	97.17	94.49	92.32	95.05	0.00	450
19	广东	91.01	89.82	91.85	92.27	72.40	0.41	450
20	广西	94.02	95.03	93.46	93.25	94.78	0.03	400
21	海南	95.02	97.15	94.02	92.74	96.00	0.00	100
22	重庆	94.63	96.37	94.19	91.81	98.97	0.00	250
23	四川	93.26	94.25	93.13	91.27	89.88	0.04	450
24	贵州	94.35	96.21	93.85	91.38	93.38	0.00	250
25	云南	92.99	93.95	93.57	89.32	91.16	0.12	400
26	陕西	95.81	96.79	95.71	93.80	98.19	0.00	500
27	甘肃	90.62	90.35	90.58	92.37	67.92	1.00	400
28	青海	91.12	87.80	93.39	92.84	82.00	0.00	100
29	宁夏	93.11	90.96	94.81	93.54	88.00	0.00	150
30	新疆	85.77	75.61	93.01	90.34	30.35	3.20	500
	全国	92.28	90.94	93.75	91.98	81.18	0.71	10150

附表 C-3

2018年重点监测桥梁技术状况评价

序号	公路技术等级	桥型	路线编号	桥梁名称	所在省份	建成年份	末次评级	评分 管养单位	评分 省级部门	评分 综合	2018年监测结果
				均值				91.83	92.41	92.00	
1		拱桥	G76	濑溪河大桥	四川	1998	二类	92.63	94.62	93.22	同末次
2			G5	芝川特大桥	陕西	2005	二类	94.22	94.00	94.15	同末次
3			G0611	大通县桥头镇特大桥	青海	2005	二类	93.85	91.72	93.21	同末次
4			G75	临洮高架桥	甘肃	2004	三类	84.94	88.39	85.98	同末次
5			G2012	恩和立交桥	宁夏	2008	二类	95.02	93.45	94.55	同末次
6			G0601	贺兰互通式立交右幅桥	宁夏	2008	三类	92.75	93.45	92.96	同末次
7			G30	沙丘2号大桥	新疆	2005	三类	92.25	90.93	91.85	同末次
8			G45	老哈河特大桥	内蒙古	2007	三类	88.90	90.48	89.37	同末次
9			G55	丹洲营高架桥	内蒙古	2006	三类	83.50	90.48	85.59	三类
10	高速公路		G98	宁远河大桥	海南	1998	二类	92.34	88.97	91.33	同末次
11		梁式桥	G40	新长铁路特大桥	江苏	2004	二类	91.68	95.94	92.96	同末次
12			G15	松浦二桥	上海	2006	二类	92.57	96.19	93.65	同末次
13			S024	永定河特大桥	河北	2008	二类	91.78	94.81	92.69	同末次
14			G2	津霸铁路桥	天津	2006	二类	92.76	92.06	92.55	同末次
15			G18	东营黄河公路大桥	山东	2005	二类	97.70	92.16	96.03	同末次
16			G8011	黑冲沟大桥	云南	2009	二类	91.79	89.53	91.11	同末次
17			G56	怒江特大桥	云南	2008	二类	92.61	89.53	91.68	同末次
18			G50	漳河特大桥	安徽	2007	二类	90.48	91.18	90.69	同末次
19			G55	南河特大桥	山西	2008	二类	95.58	95.21	95.47	同末次
20			G3511	逢石河特大桥	河南	2008	二类	96.23	95.62	96.05	同末次

附录C 全国干线公路网技术状况表

续上表

序号	公路技术等级	桥型	路线编号	桥梁名称	所在省份	建成年份	末次评级	评分 管养单位	评分 省级部门	评分 综合	2018年监测结果
21	高速公路	梁式桥	G35	信江特大桥	江西	2007	二类	91.33	92.23	91.60	同末次
22			G35	乐安河特大桥	江西	2007	二类	91.33	92.23	91.60	同末次
23			G11	大连湾特大桥	辽宁	2007	二类	84.07	90.37	85.96	三类
24			G45	松原第一松花江大桥	吉林	2005	二类	94.03	93.99	94.02	同末次
25			G11	佳木斯松花江公路大桥	黑龙江	1989	三类	82.29	81.94	82.18	四类
26			G0421	岳口汉江特大桥	湖北	2007	二类	94.91	94.85	94.89	同末次
27			G42	彭溪河特大桥	重庆	2008	一类	96.70	95.24	96.26	同末次
28		斜拉桥	G15	苏通大桥	江苏	2008	二类	98.16	95.94	97.49	同末次
29			G2001	济南黄河三桥	山东	2008	二类	93.11	92.16	92.83	同末次
30			G7	京新上地桥	北京	2011	三类	88.51	95.90	90.73	三类
31		悬索桥	G92N	江东大桥	浙江	2008	二类	94.92	96.11	95.28	同末次
32			G352	龙灯特大桥	贵州	2005	二类	91.73	92.46	91.95	同末次
33			G323	怀远大桥	广西	1997	三类	91.66	90.86	91.42	同末次
34		拱桥	G237	岭兜特大桥	福建	2007	二类	94.04	91.55	93.29	同末次
35			G237	天池特大桥	福建	2007	二类	92.15	91.55	91.97	同末次
36	普通国道		G234	淞澧洪道主桥	湖南	2006	二类	98.01	97.93	97.98	同末次
37			G246	泸州长江大桥	四川	1982	二类	85.47	94.62	88.21	同末次
38			G349	直孔大桥	西藏	2003	三类	92.27	83.36	89.59	同末次
39		梁式桥	G330	洞头大桥	浙江	2002	二类	90.59	96.11	92.25	同末次
40			G359	金沙大桥	广东	1994	三类	84.26	88.12	85.42	同末次

附表 C-4

2018年长大隧道监测结果汇总

序号	区域	路线编号	隧道名称	所在省份	隧道长度(m)	建成年份	末次评级(土建)	规范化评分 养护单位	规范化评分 省级部门	规范化评分 综合	监测评级
			均值					82.58	84.20	83.07	
1	东部	G239	长安岭隧道	河北	2045	2007	二类	82.78	86.81	83.99	土建:二类;机电:二类;其他工程:一类。总体:二类
2		G70	美菰林隧道	福建	5560/5550	2004	二类	81.44	84.69	82.41	土建:二类;机电:二类;其他工程:一类。总体:二类
3		G15	猫狸岭隧道	浙江	3750/3616	2000	二类	82.77	86.73	83.96	土建:二类;机电:二类;其他工程:一类。总体:二类
4		G1113	吴家岭隧道	辽宁	1120	1996	三类	86.42	84.79	85.93	土建:二类;机电:二类;其他工程:一类。总体:二类
5	中部	G55	月湖泉隧道	山西	4745/4732	2008	二类	88.36	89.93	88.83	土建:二类;机电:二类;其他工程:一类。总体:二类
6		G76	钟公岭隧道	江西	4185/4180	2009	二类	83.60	79.89	82.49	土建:二类;机电:二类;其他工程:一类。总体:二类
7		G56	碧鸡关隧道	云南	1430/1415	2007	二类	77.35	77.87	77.51	土建:二类;机电:二类;其他工程:一类。总体:二类
8	西部	G60	乌龙山隧道	贵州	3179/3210	2007	二类	82.06	87.20	83.60	土建:二类;机电:二类;其他工程:一类。总体:二类
9		G30	麦积山隧道	甘肃	12286/12290	2009	二类	82.95	84.23	83.33	土建:二类;机电:二类;其他工程:一类。总体:二类
10		G318	二郎山隧道	四川	4176	1998	三类	78.08	79.86	78.61	土建:三类;机电:二类;其他工程:一类。总体:三类

附录D 全国公路网运行监测设施一览表

附表 D-1 2018 年高速公路网运行监测设施一览表（单位：套）

序号	省份	车辆检测器	交通量调查设备	单要素/多要素气象监测站	桥梁健康监测系统	隧道健康监测系统	可变情报板	无人机	应急通信车	移动巡查车	路段（互通）摄像机	服务区、收费广场摄像机	桥隧摄像机
1	北京	957	347	40	11	—	467	5	—	82	1547	733	455
2	天津	119	73	40	—	—	296	2	2	51	2992	643	74
3	河北	540	663	203	1	—	11413	—	—	—	7318	1380	2996
4	山西	852	43	28	7	—	942	5	—	46	867	982	8269
5	内蒙古	79	36	40	3	—	488	—	—	6	428	757	372
6	辽宁	438	75	45	15	—	887	2	—	70	1334	2830	1653
7	吉林	363	3	103	—	—	588	—	—	54	686	676	399
8	黑龙江	187	53	53	1	1	588	—	42	—	1661	620	31
9	上海	1418	207	35	2	3	525	—	1	—	822	322	470
10	江苏	151	109	302	12	3	1562	80	—	61	4055	2187	365
11	浙江	781	114	106	31	5	1720	—	—	—	3411	1716	6860
12	安徽	482	122	657	8	—	840	—	—	—	3375	846	1540

续上表

序号	省份	车辆检测器	交通量调查设备	单要素/多要素气象监测站	桥梁健康监测系统	隧道健康监测系统	可变情报板	无人机	应急通信车	移动巡查车	路段(互通)摄像机	服务区、收费广场摄像机	桥隧摄像机
13	福建	955	84	32	6	—	1556	4	—	285	1032	1793	13390
14	江西	428	3	11	2	—	434	33	2	357	7674	3400	—
15	山东	376	277	93	5	1	902	2	2	279	8607	1896	412
16	河南	641	70	72	2	—	841	2	1	—	3290	1743	919
17	湖北	455	24	90	10	25	1432	5	1	12	978	1159	6940
18	湖南	761	156	433	6	—	965	3	—	10	1882	757	3312
19	广东	399	117	2	13	6	1005	—	—	236	4401	2118	5481
20	广西	—	51	8	1	—	314	24	—	178	194	1212	2841
21	海南	23	52	10	—	—	128	—	—	4	227	35	37
22	重庆	382	92	91	3	—	1157	—	1	88	1349	1105	8997
23	四川	789	77	90	5	4	2173	16	1	113	2351	3007	7808
24	贵州	1348	122	149	5	—	1856	35	1	652	1822	4324	9646
25	云南	534	84	72	53	143	840	6	—	264	3179	874	4485
26	西藏	—	9	—	—	—	16	—	—	18	—	—	61
27	陕西	662	133	21	5	—	779	—	1	—	2668	1188	7092
28	甘肃	1119	97	56	4	23	884	2	1	65	665	364	4326
29	青海	139	34	107	1	—	369	1	2	48	678	300	1575
30	宁夏	80	36	10	3	—	170	2	1	—	352	179	246
31	新疆	1669	142	85	1	—	781	—	—	—	1011	2547	330

附表 D-2

2018 年普通国省干线公路网运行监测一览表（单位：套）

序号	省份	车辆检测器	交通量调查设备	单要素多要素气象监测站	桥梁健康监测系统	隧道健康监测系统	可变情报板	无人机	应急通信车	移动巡查车	路段（互通）摄像机	服务区、收费广场摄像机	桥隧摄像机
1	北京	282	680	32	7	—	430	—	—	—	—	—	206
2	天津	—	211	1	—	—	10	—	—	—	95	22	94
3	河北	—	540	199	4	—	—	—	—	—	—	—	—
4	山西	—	125	—	3	7	35	2	—	59	233	123	285
5	内蒙古	24	102	14	2	—	57	1	—	45	39	83	95
6	辽宁	—	201	—	3	—	—	—	—	156	172	—	146
7	吉林	—	355	—	—	—	—	—	1	—	12	50	—
8	黑龙江	—	97	—	—	—	—	—	—	64	—	—	—
9	上海	176	115	4	—	—	12	—	—	—	228	—	72
10	江苏	728	418	7	50	—	121	10	16	300	927	90	507
11	浙江	66	415	16	18	130	239	17	18	570	981	15	1791
12	安徽	358	358	—	11	13	11	—	—	—	—	40	42
13	福建	—	215	—	1	—	129	3	2	—	880	138	335
14	江西	—	221	—	—	—	78	32	2	131	271	—	43
15	山东	—	213	1	6	—	20	—	—	103	500	4	155
16	河南	—	347	—	1	—	5	2	—	—	145	—	25
17	湖北	—	422	—	—	—	55	11	—	202	148	28	62
18	湖南	145	92	—	—	—	—	—	—	14	650	—	—

续上表

序号	省份	车辆检测器	交通量调查设备	单要素/多要素气象监测站	桥梁健康监测系统	隧道健康监测系统	可变情报板	无人机	应急通信车	移动巡查车	路段（互通）摄像机	服务区、收费广场摄像机	桥隧摄像机
19	广东	—	231	—	2	—	30	—	—	39	720	—	10
20	广西	—	147	—	—	—	46	48	2	—	93	1	3
21	海南	—	51	—	—	—	—	—	—	—	—	—	—
22	重庆	—	232	—	6	3	20	—	—	180	20	—	51
23	四川	—	251	—	23	—	21	4	1	4	261	—	—
24	贵州	94	88	19	1	—	13	10	—	144	156	—	14
25	云南	—	42	—	—	—	23	98	—	375	451	17	421
26	西藏	77	106	6	—	—	4	—	2	132	30	—	1
27	陕西	236	126	4	10	7	70	1	—	—	188	3	90
28	甘肃	200	105	—	—	—	—	3	—	87	52	—	102
29	青海	—	50	—	—	—	67	—	2	45	118	—	35
30	宁夏	—	54	—	—	—	—	—	—	—	—	—	—
31	新疆	349	239	13	—	—	103	—	—	—	73	517	54

附录E 全国桥梁安全健康监测设施现状

序号	省份	数量(个)	监测指标	运营状态	代表性工程
1	北京	18	温度、倾斜、位移、应变、振动、裂缝	全部良好	大灰桥、八达岭大桥、水闸新桥、德胜口大桥
2	天津	—	—	—	—
3	河北	5	风速、应变、挠度、振动、动态称重	1座改造,3座不详	海儿洼大桥、官厅湖特大桥、子牙新河特大桥
4	山西	10	应变、挠度、温度、振动、动态称重、索力、桥塔偏位、风力	全部良好	忻州小沟桥、龙门黄河特大桥
5	内蒙古	5	应变、挠度、支座位移、裂缝、振动	良好	包头黄河大桥
6	辽宁	18	温湿度、应变、挠度、振动、桥塔变形、风力、倾角、梁端位移、应变等	1座良好,1座在建	辽河特大桥、中朝鸭绿江界乌金屯大桥
7	吉林	1	挠度、应变、温度	良好	G102京抚公路乌金屯大桥
8	黑龙江	1	温湿度、应变、挠度、振动、索力、桥塔变形、风力	良好	四方台松花江大桥
9	上海	2	温湿度、应变、挠度、振动、索力、桥塔变形、风力	全部良好	长江大桥、闵浦大桥
10	江苏	62	温湿度、应变、挠度、振动、索力、桥塔变形、风力、倾角、梁端位移、动态称重	全部良好	润扬长江大桥、江阴长江大桥、苏通大桥、南京长江二桥、泰州大桥
11	浙江	49	温湿度、应变、挠度、振动、索力、桥塔变形、风力、倾角、梁端位移、动态称重	全部良好	杭州湾跨海大桥、下沙大桥、之江大桥、西堠门大桥、金塘大桥

续上表

序号	省份	数量(个)	监测指标	运营状态	代表性工程
12	安徽	19	温湿度、应变、振动、挠度、索力、桥塔变形、风力、倾角、梁端位移、动态称重	全部良好	铜陵长江大桥、芜湖长江大桥、安庆长江大桥、马鞍山大桥
13	福建	7	温湿度、应变、振动、挠度、索力、桥塔变形、风力、梁端位移、动态称重	全部良好	青州大桥、厦漳跨海大桥、下白石大桥、海沧大桥、八尺门大桥
14	江西	3	索力、线形、应变、塔顶位移、伸缩缝	全部良好	三阳特大桥、鄱阳湖大桥、九江长江公路大桥
15	山东	11	温湿度、应变、振动、挠度、索力、桥塔变形、风力、倾角	全部良好	滨州黄河公路大桥、东营黄河公路大桥、青岛海湾大桥、弥河大桥
16	河南	3	挠度、应变、振动	全部良好	刘江黄河大桥、桃花峪黄河大桥
17	湖北	10	温湿度、应变、振动、挠度、索力、梁端位移、动态称重	全部良好	军山大桥、阳逻长江大桥、二七长江大桥、鹦鹉洲长江大桥
18	湖南	8	温湿度、应变、振动、挠度、索力、桥塔变形、风力、梁端位移、动态称重	全部良好	矮寨大桥、洞庭湖大桥、茅草街大桥
19	广东	15	温湿度、应变、振动、挠度、索力、桥塔变形、风力、倾角	全部良好	珠江黄埔大桥、虎门大桥、新光大桥、港珠澳大桥、九江大桥
20	广西	1	应变、索力、挠度、动态称重、温湿度	1座良好	大冲邕江特大桥
21	海南	—	—	—	—
22	重庆	9	温湿度、应变、振动、挠度、索力、桥塔变形、风力、倾角、梁端位移、动态称重	全部良好	涪陵大桥、石板坡长江大桥复线桥、大佛寺长江大桥、马桑溪长江大桥
23	四川	28	挠度、应变、温度	全部良好	泸州长江大桥、泰安长江大桥、州河特大桥、金沙特大桥、城门洞大桥
24	贵州	5	温湿度、应变、振动、挠度、索力、桥塔变形、风力	2座良好,3座不详	红枫湖大桥、坝陵河大桥、石门坎特大桥
25	云南	54	梁端位移、伸缩缝及支座纵向位移、GPS空间变位、温度	全部良好	悉尼特大桥（原澜沧江特大桥）

续上表

序号	省份	数量（个）	监测指标	运营状态	代表性工程
26	西藏	—	—	—	—
27	陕西	5	沉降、挠度、应变、裂缝	全部良好	徐水沟特大桥、洛河特大桥、杜家河大桥
28	甘肃	14	温湿度、应力、应变、加速度、动态称重	全部良好	天水黄河大桥、东岗黄河大桥、白家沟大桥、卢家沟大桥、关头坝特大桥（双链式加劲钢桁架悬索桥）、堡子坪大桥、麻花沟桥
29	青海	1	温湿度、风力、变形、温度	良好	海黄大桥
30	宁夏	3	挠度、应变、温度	全部良好	叶盛黄河公路大桥、吴忠黄河公路大桥
31	新疆	1	挠度、应变、温度、风力、桥塔变形、索力	良好	果子沟大桥

《2018年度中国公路网运行蓝皮书》

各省(区、市)主要编写人员

北京交通大学综合交通运输大数据应用技术交通运输行业重点实验室
北京
翟雅峤　沈兴华　张予博
天津
魏宏云　杨永前　曹　伟　汪东升　马洪福　曾水泉　张子俊
岳向武
河北
吕兰明　秦　娟　刘杰峰　张宏凯　谷旭静　陈　光　高　龙
山西
石利强　李俐锋　赵　京　刘铁英　麻　琳　刘　超　杨彩虹
韩　愈
内蒙古
卢东升　李　伟　白秋俊　侯树军　王　瑾　樊永伟　杨海峰
辽宁
柳晓东　赵　乐　施　磊　佟　潇
吉林
王希碧　姜艳霞　李冬丽
黑龙江
陈晓军
上海
孙为珊

江苏

戈权民　王建刚　马梦豪

浙江

卢瑛瑛　顾凯锋　徐建伟　周坚清　吕伟东　凌宏标　徐建铭
俞启林　龚百晓　张　翔　余　泉　杨为启　王周凯　程　勇
郭　辉

安徽

周正兵　郭　六　肖　峰　汪　波　杨彦峰　邓　萍　孙传明
耿　鹏

福建

冯　祁　高金勇　姚凌云　郑辉喜　王东航　杨木森　方　敏
张继林　王　烨　李晓伟

江西

徐华兴　甘正阳　邓娟娟　唐嘉立　林茂森　王遐莽

山东

张　皎　纪新志　王传超　余　波　宋晓红　宋　慧　高玮阳

河南

宋元华　郭　晶　聂世刚　郭　宇　卢　洋　王赛里麦　束景晓

湖北

孙　军　朱　磊

湖南

单新周　欧剑波　梁高武　王光辉　杨　静

广东

黄景欣　王　佳　张建栋　黄今亮

广西

刘志超　韦韡隆　梁　燕　冯　勇　戴圣宇　蓝淑萍　刘斌杰

海南

刘　文　欧阳平　马　宁　郑健平　王　勇　蔡泽鸿　陈宇哲

重庆
刘　幸　　许天洪　　周　正　　陈俊杰　　吴　川　　刘义峰　　易英杰
四川
翟艺阳　　王卓伟　　尹莉沙
贵州
吴玉荣　　罗德勇　　杨　健　　汤　锐　　龙文宇　　张　旭　　高林熹
云南
马天宇　　李小宇　　龚　蓉　　唐　鹏　　孙　娟　　李秋瑜
西藏
其米多吉　　扎西顿珠　　张　伟　　丹增旺堆
陕西
党延兵　　赵之胜　　来　帅　　李庆达　　南争伟　　马　甲　　赵晓林
王　磊
甘肃
程永华　　王光超
青海
马铁峰　　史国良　　史　超　　杨培红　　张乃月　　张琳琳　　马月萍
宁夏
吴永祥　　周尚军　　许民民　　姬海军　　杨等荣　　王　鹏
新疆
殷庆龙　　王新联　　贾光智　　严小兵　　张　凯　　李　亮